# ブッダが考えたこと

## 仏教のはじまりを読む

宮元啓一

# 目次

# はじめに

仏教とはいったい何であろうかと、このような疑問を持ったことのある人はきっと多いだろうと思う。じつは、その疑問はもっともなものなのである。

というのも、わが国では、いわゆる伝統仏教といわれるものでも、天台《てんだい》宗、真言《しんごん》宗、浄《じょう》土《ど》宗、浄土真《じょうどしん》宗、日蓮《にちれん》宗、禅《ぜん》宗、時《じ》宗と大きく分かれており、またそのなかでも、たとえば禅宗ならば臨済《りんざい》宗、曹洞《そうとう》宗など、さらに細かな宗派が分立している。そして、それぞれの宗派が主張していること、行っていることは、多種多様である。葬式ひとつとってみても、そのやりかたは、宗派によってかなり異なる。

仏教系の新宗教もたくさんある。一九九五年に地下鉄サリン事件を起こしたオウム真理教ですら、「正しい仏教」を自任していた。

こういう状況であるから、わが国の人々は、一般に、仏教についての全体像を持てず、仏教について、非常に混乱したイメージしか持てないでいる。仏教とはいったい何であろうかと、疑問を抱くのも当然である。

では、アカデミックな研究をしている仏教学者の本を読めば、その疑問が解消するかというと、かならずしもそうではない。仏教についてきちんとした知識を持とうと真面目に考えて、仏教学者たちの本を読みあさった体験を持っている人もたくさんいるであろう。しかし、そうした人々の多くは、いくら読んでもよくわからない、読めば読むほどわからなくなった、といった状態に陥り、ますます疑問を深くしているのが実状である。

というのも、わが国の仏教学者のほとんどは、僧籍にある人か、篤信家だからである。僧籍にある学者は、みずからが属する宗派の教義に背反するわけにはいかず（背反するようなことをしたら「破門」となり、たちまち家族もろとも路頭に迷うことになる）、結局は自派の教義をもって「正しい仏教」だとする観点から免れない。日本仏教はすべて大乗仏教の流れを汲《く》むものであるが、大乗仏教が成立する以前の古いインド仏教を研究するさいにも、僧籍にある一部の仏教学者たちは、「解釈学」と称して、自派の教義に強引に引きつけようとする。解釈学という方法は、キリスト教神学に取り入れられ、自派に都合のよいように聖書を解釈するさいの手段とされてきた。これを仏教学にも応用しようというのであるが、これでは仏教学は、知性にすべてを委《ゆだ》ねる学問ではなく、信にすべてを委ねる一種の神学の域を出ないものとなる。いや、それどころか、仏教学は、「正しい信」にもとづき「正しい仏教」を宣揚する神学でなければならないとまで公言する仏教学者が大手を振っているのが現況である。

篤信家は、かならずしも特定の宗派への帰属意識が強いとはかぎらないが、強固な信（信念でもある）にもとづき、これこそがみずからの信（信念）にふさわしい正しい仏教であるという態度で仏教に接する。そして、みずからの信（信念）に合致しない要素をなにがしかの仏典のなかに発見すると、その仏典は「正しい仏教」を説いていないと断定し、「刈り込み」と称してそうしたものをバサバサと切り捨てようとする。

いずれにしても、わが国で仏教学というのは、ほとんどの仏教学者にとって、「正しい仏教」の追究であることになる。かくして、「正しい仏教」がいくつも並び立ち、仏教とはいったい何なのかと考えて仏教学者が書いたものを読みあさる人々は、ますます仏教が何であるかがわからなくなる、という事態になるのである。

わたくしは、二〇〇一年に、『わかる仏教史』（春秋社）を公刊した。これは、いうまでもなく、「わからない仏教史」が世にあふれていることを憂えてのことである。その「はしがき」で、わたくしは、自分の立場と手法とを明かしておいた。その場でわたくしは、自分は信（生命感覚）のレベルの話としてはアニミスト（世界の森羅万象に生命力を感得する者）であるといっておいた。今、もう少していねいにいうと、わたくしは、仏教に深い共感を持つアニミストである。仏教に深い共感を持つといったが、それは、信のレベルではなく、哲学、倫理学のレベルでのことである。

哲学的、倫理学的（メタ倫理的）に——ということは論理学的に、ということでもあるが——見るとき、わたくしには、仏教は、いきなり完成した哲学、倫理学を説くものとして成立したと見える。つまり、仏教の開祖、ゴータマ・ブッダは、インドが生んだ数いる天才のなかでもとびきりの天才の一人であったと思えるのである。

これまで、わが国の仏教学者たちは、口をそろえて、文献学を錦《にしき》の御旗《みはた》にして、ゴータマ・ブッダが何を説いたのか（金口《こんく》の説法とは何か）は、確定できないと強調してやまない。たしかに、一〇〇パーセントの確率で、絶対にまちがいなくこれがゴータマ・ブッダの教えであると文献学的に確定することは不可能である。何しろ、ブッダの肉声を収録したテープレコーダーはないのであるから。

しかし、これはおそらく皮肉にもといってもよいのであろうが、まさにその文献学的手法によって、成立がたいへん古い仏典はほぼ確定されている。そうした仏典を精読すれば、そこに「きわめて首尾一貫した体系」があることがわかる。使用されることば（ヴォキャブラリー）に経年変化がたえずあっても、発想法、考え方はそう簡単には変化しない。発想法、考え方には自《おの》ずから一貫性がある。一人の人間が生涯でたらめなことばを吐き続けることはほとんどあり得ない。これによって、一〇〇パーセントではないけれども、九九・九パーセントの確率でゴータマ・ブッダの教えだといえるものを抽出することができる。これをもってゴータマ・ブッダの仏教、最初の仏教を研究することには、大いに意義がある。

にもかかわらず、金口の説法は確定できないと、なぜあれほどまでに執拗《しつよう》にわが国の仏教学者たちは口をそろえて強調するのか。その執拗さには厳然とした理由があるとわたくしには思える。それは、ゴータマ・ブッダが何を説いたかがわかってしまうと、多くの仏教学者は困るからである。つまりどういうことかというと、先にも述べたように、わが国の多くの仏教学者は、みずからの信に合致する「正しい仏教」を追究しているのであるが、その「正しい仏教」が、「最初の仏教」によって粉砕されることを怖れているのである。最初の仏教はわからないのであると、いかにも学問的であるかのような装いをもって強固な防御線を張っておけば、かれらの「正しい仏教」は安泰なのである。

本書で追究するのは、「最初の仏教」は何であったかということである。しかし、妙な誤解を受けるのを避けるためにいっておくと、わたくしが「最初の仏教」に深い関心を抱くのは、信の立場からではなく、哲学、倫理学の立場からであり、その意味で「最初の仏教」が驚くべき完成度をもっていることに瞠目《どうもく》させられているからである。わたくしは、信の立場からして「最初の仏教」を高く評価している（今の仏教すべてをブッダの仏教に戻せと、復古原理主義を唱導しようとしているというわけではないのであり、したがって、わたくしは、「最初の仏教」こそが「正しい仏教」だと主張するつもりは毛頭ない。
付言すれば、「最初の仏教」が確定できると、これを基準として、後世の仏教の考え方を、あるいは思想史的に、またあるいは哲学史的に位置づけることが非常に容易になる。本書でも、重要な論点について、そうした思想史的、哲学史的な考察をいくばくか加えるつもりである。

わたくしは、「正しい仏教」をむやみに否定しようとしているわけではない。結局、人それぞれにそれぞれの「正しい仏教」があるだろうというのが実際なのであり、それに目くじら立てて否定してかかるというのは、しょせん、不毛な話でしかない。冷静かつ大胆に「最初の仏教」を探るしかないのである。

古く、仏教では、仏教の研究は、五明《みょう》（仏教学たる内明《ないみょう》、数学、建築学たる工巧《くぎょう》明、医学、薬学たる医方明、サンスクリット語文法学たる声明《しょうみょう》、論証学、論理学たる因明《いんみょう》の五種）のうちのひとつである内明として行われた。わが国では、とくに江戸時代、布教や新説を展開するなどの創造的な宗教活動が厳しく規制されるなか、学問僧が、自宗派の教学研究に大いに精力を傾けた。そうした意味での仏教学を宗学《しゅうがく》といい、今日でもその伝統は脈々と伝えられている。

こうした宗学においては、宗祖以来の自宗派の教義を批判的に考察することなど許されない。つまり、宗学にたずさわる学問僧たちは、「正しい信」にもとづいて、「正しい仏教」を追究することにすべての価値を見出《みいだ》したのである。

ところが、明治時代になると、西洋人が開発、展開してきた、いわゆる近代的な仏教学が、インド学の一環としてわが国に移入された。この近代仏教学は、仏典をあくまでも文献学の対象と見なし、あらかじめ与えられた「正しい信にもとづく正しい仏教」という理念にかまうことなく、文献研究から得られた知見のみを頼りにして「仏教は何であったか」を追究する。もちろん、客観的な歴史学的な手法もふんだんに用いられる。現に、近代仏教学を確立した西洋の学者たちは、ほぼ例外なくクリスチャンであり、仏教徒としての「正しい信にもとづく正しい仏教」など眼中になかった。

こういうわけで、近代仏教学の担い手は、かならずしも「正しい仏教徒」ばかりではないということになった。

この点は、わが国のキリスト教学とは対照的である。キリスト教学の担い手は、「正しいクリスチャン」に限られる。現に、わが国で最大の勢力を誇る日本キリスト教学会の会員は、考古学者などごく一部を除いて、みな敬虔《けいけん》なクリスチャンである。つまり、敬虔なクリスチャンでなければ、学会の会員になれないのである。

それはともあれ、明治時代になると、仏教学は、近代仏教学と宗学とに分裂するようになる。そのため、僧籍にある人が近代仏教学を真摯《しんし》に修めると、ほぼ必然的に宗学と背反する結論を得る。これは、数々の悲劇を生んだ。近代仏教学に警戒心をもったのは、どの宗派も同じようであるが、とりわけ、異安心《いあんじん》（異端）に厳しい態度を伝統的にとってきた浄土真宗大谷派からは、近代仏教学にたずさわる僧侶《そうりょ》の破門があいついだ。たとえば織田得能博士は、破門されたが回心することなく、赤貧洗うがごとき悲惨な状況のなかで『織田仏教大辞典』を完成した。

近代仏教学は、インド学という、地域研究主義の枠を超えるものではかならずしもなかったが、こうして、西洋近代に成立した、信を排して知性（理性）のみを拠《よ》り所とする人文科学（science of humanities, 人間の営みのなかにできれば万人の納得の行く何らかの法則を見出そうとする知的試み）の一翼を担う学問でありえた。

ところがいつのまにか、とりわけ一九八〇年代以来、わが国では、近代仏教学を宗学（神学）をもって換骨奪胎しようとする動きが加速しているかに見える。「解釈学」を仏教学の方法として世間に強引に認知させようとする仏教学者が目につくようになったのもその動きの顕著な現れである。また、近代合理主義は破綻《はたん》したと、何の根拠もなく一方的に宣言し、人文科学としての近代仏教学を糾弾し、仏教学は仏教徒としての「正しい信」にもとづく「正しい仏教」を追究する神学でなければならないといってのける仏教学者も出現した。「正しい仏教」ということばも、一九八〇年代以来、ずいぶん頻繁に耳にするようになった。そして、「正しい仏教」の追究者は、ついに、学問とはことの「正邪」を明らかにするものだとまで主張する。近代に確立した人文科学であれ、社会科学であれ、自然科学であれ、学問は、学説の優劣を明らかにするものであるとの認識で一貫してきた。「正邪」を明らかにするものは神学である。ガリレオは、学説上の圧倒的な優劣関係を確信し、地動説を採った。しかし、ローマ法王庁は、「正邪」の観点から地動説を邪説、悪魔の説と断定し、ガリレオに「改宗」を迫った。

一九八〇年代以降、「正邪」を明らかにするのが学問だと公言しながら「仏教学」にたずさわっている人は、ごく少数派である。しかし、文脈から明らかなように、そうした学者が「学問的批判」と称していることは、じつは「宗教裁判」にほかならないのである。知性のみを武器とする人文科学としての仏教学は、こうして、わが国では、なにやら存立基盤を徐々に失いつつある。知性よりも信を重んずる学問など、形容矛盾もいいところである。

ちなみに、学問的考究のすえ導き出された学説の学問性は、被批判性にある。いかなる学説もいつかは批判の対象となりえなければ、学問の進展はない。したがって、たとえば、わが学説が正しいことは自明であって、その自明性を疑ってはならないという論文があったとしたら、それは学問的な論文ではない。

もっと具体的にいえば、たとえば、ゴータマ・ブッダは輪廻《りんね》説を否定したとする、ときどき忘れたころに出てくる「論文」では、かならずといってよいほど、「仏典で輪廻を説いている個所はあるが、それらはみな後世の付加によるものである」という文言が入る。これは、絶対に批判は許さないという「論文」なのであり、ゆえに学問性、知性が完全に欠如しているのである。

こういう非学問的な論文、著作が、学問の名でまかりとおっていることに、わたくしは強い危惧《きぐ》の念を抱く者である。

知性は智・情・意に分けられる。それゆえ、哲学には理性の学としての論理学および狭義の哲学と、感性の学としての美学（感性学）と、意志・意図の学としての倫理学との三つのジャンルがある。しかしわたくし考えるに、三つのジャンルを統合し、それらのいずれもが知性に関わる真摯《しんし》な学的営みであることを裏打ちするものは理性――ことば（概念）とことばをつなげる論理をけっしてないがしろにしない姿勢――である。

わたくしは哲学の道を歩みたいと強く願う者である。ことばと論理を大切に扱うことに徹すること、これが本書におけるわたくしの拠《よ》って立つ所である。

# 第一章　仏教誕生の土壌――輪廻思想と出家

## 一　初期の輪廻思想

### インドの常識としての輪廻思想

インドでは、輪廻《りんね》思想は、唯物論を除いて、すべての宗教思想、哲学が前提とする考え方である。仏教もその例外ではない。

明治時代、西洋近代文明を尺度とした開化、啓蒙《けいもう》運動が展開された。そのなかで、迷信打破の運動も活発になった。それはそれなりに意義もあったが、仏教界にあっては、内からは廃仏毀釈《はいぶつきしやく》の凄《すさ》まじい破壊活動にさらされ、外からは圧倒的な力をもつ西洋近代文明の精神的な支柱であったキリスト教の影に怯《おび》え、あらぬ方向で過激になりすぎるということもあった。

仏教界における迷信打破運動の矛先のひとつは、輪廻思想に向けられた。死んだら何かに生まれ変わるというのは非科学的であり、地獄や極楽など、誰も見たことのないものがあるとする根拠は何もない。翻ってみれば、あの偉大なお釈迦様《しゃか》（ゴータマ・ブッダ）が、そのような下劣な世の俗信を採用されたはずはない。輪廻思想は、仏滅後、お釈迦様の真意が理解できなくなった仏教徒たちが、大衆に迎合《げいごう》するために採り入れたのだ。

このように、最初期のゴータマ・ブッダの仏教は、輪廻思想を否定した、いやむしろ、輪廻思想を否定したところに仏教の斬新《ざんしん》さがあったのだという見解が、ほかならぬ仏教学者たちからさかんに表明されるようになった。

もっとも、明治時代、仏教学者のほとんどは僧籍にあったから、輪廻思想を迷信だと論じた仏教学者たちも、輪廻思想を前提にして成り立っている各宗派の宗学から猛烈な反発を喰《く》らい、そのような主張をする人は急速に少なくなっていき、ついには誰もそのような問題に触れることがないようになった。

しかし、仏教は本来、輪廻思想を否定するものだったという考えは、日本の知識人（この語の響き、限りなく不快）たちの頭にかなり深く刻み込まれ、今日に至っている。たとえば、キリスト教神学で有名な高尾利数氏はその著書『ブッダとは誰か』（柏書房）のなかで、『スッタニパータ』などでゴータマ・ブッダが「輪廻的な生存がなくなった」（正確には「為すべきことは為し終えた。後有《ごう》（生まれ変わっての新たな生存）はない」）と語っているこの文言こそ、ゴータマ・ブッダが輪廻思想を認めていなかった証拠だといっている。

これは仰天《ぎょうてん》ものなのである。「輪廻的な生存がなくなった」というのは、修行を完成したために、ついに輪廻転生からの最終的な解脱《げだつ》にいたった、という宣言なのであり、輪廻思想を前提としなければありえない内容なのである。ということは、仏教史を無視し、はるか後世の大乗仏教中観派《ちゅうがんは》の空思想を最初期仏教のなかに強引に読み込む高尾氏の頭のなかには、端《はな》からゴータマ・ブッダは輪廻思想を認めなかったという強い思いこみがあり、ごく簡単な経典の文言すらもまともに読めなくなっているということである。まこと無責任極まりないとしかいいようがない。

二〇〇〇年代になってからも『日本佛教學會年報』に、比較的若い仏教学者が、仏教は、本来、輪廻思想を否定したという見解を発表した。内容を読んで驚いた。因果応報、業報という考えを解しないあるヨーロッパの学者（仏教学が専門ではない）が、仏教と輪廻思想は関係がないかもしれないとちらりと述べたのを最大限の拠《よ》り所とし、最初期の仏教は輪廻思想を否定したと談じているのである。

この論文は、こういう論文を書いてはいけないという、見本のような論文なのである。この若手の学者の論の組み立てはこうである。すなわち、ゴータマ・ブッダは輪廻思想を否定した。どのように成立の古い仏典であれ、輪廻思想を前提とした文言は、すべて後世の仏教徒による増広《ぞうこう》（追加挿入）の産物である、というのである。

これはもう、天から降ってきたご託宣《たくせん》ともいうべきしろものである。このご託宣の前にあっては、ゴータマ・ブッダが輪廻思想を前提としていたと、いくら文献学的な証拠をもとにして論じてみても、まったく無駄なのである。そのような証拠となる文献学的な証拠は、すべて後世による追加挿入だというのであるから、いかんともしがたい。「わたくしの説は絶対的に正しい。わたくしの説に反する仏典の文言は、すべて後世の追加挿入になるものだからである」とは、本当に恐れ入る。

日本の仏教学者の最大の問題点のひとつは、彼らが、インドに生まれた仏教を、インド思想のなかで捉《とら》える努力をほとんどせず、仏教に始まり仏教に終わる研究に専心し、そのため、樹を見て森を見ずの状態にいることである。内側からばかり見て外から見ることがなければ、井の中の蛙《かわず》大海を知らず、なのである。蛙が井の中しか知らずに幸せな一生を過ごせたならば、それはそれで結構なことである。しかし、それは一介の生活者には認められても、学者に認められることではない。およそ学者たらんとする者は、いくら非力であっても、大海のごく一端でも垣間《かいま》見ようと奮励努力しなければならない。

ということで、わたくしたちは、仏教が誕生したとき、その土壌となるインド思想界がどのようなものであったか、というところから出発しなければならない。そう考えたとき、何をおいても重要なのは、輪廻思想でしかありえない。輪廻思想が成立してこそ、解脱へのあこがれが生まれ、出家という独特の生活形態をもつ一群の人々が登場するようになるからである。いうまでもなく、ゴータマ・ブッダは世俗人ではなく、出家となって道を切り開いた人である。

輪廻転生《てんしょう》、生類《しょうるい》は死んでは何かに生まれ変わり、また死んではまた何かに生まれ変わるということを、放って置けば永遠に繰り返すのだという死生観は、枯れた（死んだ）穀類が残した種からまた季節が巡れば新しく芽が出る（「一粒の麦もし死なずば」）という実体験を切実に生きる農耕民族が抱いて不思議のない死生観である。

ブッダとほぼ同じ時代、同じ地域でジャイナ教を興したヴァルダマーナという人物がいる。かれは、別にニガンタ・ナータプッタとも呼ばれている。「ニガンタ派に属するナータ家の子息」という意味である。ニガンタ（離繫《りけ》）派は相当古くから輪廻転生という死生観の上に立っていた。この派の伝統の中で、ヴァルダマーナは二十四代目の救世主（ティールタンカラ）とされる。「ティールタンカラ」とは、「渡し舟の渡し場を築く人」の意である。ブッダが、修行について、迷いと苦しみばかりのこちら岸（此岸《しがん》）からそれらがまったくない平安の彼岸《ひがん》へと、ブッダの教えという筏《いかだ》を操って激流の大河を渡ることであるというイメージを描いたのも、恐らく紀元前二千年代に繁栄を誇ったインダス文明期にまで遡れるニガンタ派（ジャイナ教）の発想をそっくり受け継いだと見てよい。

ただ、文献に見えるものとして最初といえる体系的な輪廻説は、西暦紀元前八世紀ごろに現れ、まずは五火説、二道説として展開された。二つの説は、祭官を特徴的な職業とし、ヴェーダ聖典の文言を自在に操る技能ゆえに社会の最上級に立ったバラモン階級が主宰する「ヴェーダの宗教」（あるいは俗に「バラモン教」）で編まれた『ジャイミニーヤ・ブラーフマナ』（前九世紀ごろ）に出てくるのが文献としては最初だとされるが、より整然とした形では、ほとんど時代的に隔たりがないころに成立した最初期のウパニシャッド『チャーンドーギヤ・ウパニシャッド』と『ブリハッドアーラニヤカ・ウパニシャッド』に記されている。以下、『チャーンドーギヤ・ウパニシャッド』第五章の、問題となる個所を見ておくことにする。

あの世がいっぱいにならないわけ

まず、第三節では、五火説と二道説とが説かれるにいたった経緯が述べられる。

ここで注目されるのは、輪廻説が、アーリヤ文化の中心的な担い手であるバラモン階級によってではなく、王族であるクシャットリヤ階級によって説かれるということである。

ある頃から、インド社会は祭官を主たる職業とするバラモン階級、武をもって世を統治するクシャットリヤ階級。商工農に従事する庶民階級（ヴァイシャ）、そしてそれら三階級に奉仕するシュードラ階級という階級制が固定されていった。

クシャットリヤ階級は、土着の非アーリヤ的な宗教的要素を、バラモン階級よりもはるかに先に摂取していたのである。素朴な輪廻説が、非アーリヤ先住民族のあいだでかなり古くから伝えられていたことは、独自の輪廻説と解脱説を説くジャイナ教の伝承によってほぼ確かなことと考えられる。

〔ウッダーラカ・〕アールニの息子シュヴェータケートゥがパンチャーラ族の集会に参加した。〔王である〕プラヴァーハナ・ジャイヴァリが彼にいった。

「お若いお方よ、あなたは父上から教えを授《さず》かりましたか」

「陛下《へいか》、父から〔教えを授かりました〕」

「生類はこの世から〔いずこへ〕赴《おもむ》くかご存じですか」

「陛下、存じません」

「彼らはどのようにして再び〔この世に〕戻ってくるかご存じですか」

「陛下、存じません」

「神々の道と祖霊たちの道というふたつの道の分かれ目をご存じですか」

「陛下、存じません」

「あの世がどうして〔死者で〕いっぱいにならないのかをご存じですか」

「陛下、存じません」

「第五の献供《けんぐ》にさいして〔祭火に注がれた〕水が、どうして人間のことばを語るようになるのかをご存じですか」

「陛下、存じません」

「では、これらのことを知らないのに、どうして教えを授かったなどとあなたはいったのですか。どうしてそのような人が教えを授かったといえるのですか」

彼はしょんぼりとして父のもとに帰った。そしていった。

「まったくのところ、父上は、わたくしに何も教えを授けてくださることなしに、わしはおまえに教えを授けた、とおっしゃいました。王族の一人がわたくしに五つの質問をしましたが、わたくしはそのうちのひとつにさえも答えることができませんでした」

父がいった。

「愛児よ、おまえがわしに語ったことについて、わしはそのひとつすらも知らないのだ。もしわしがそれらについて知っていたならば、どうしておまえに教えないでいただろうか」

そこでガウタマ（ウッダーラカ・アールニ）は、王のもとに赴いた。王は到着した彼を丁重にもてなした。翌朝、彼（ウッダーラカ・アールニ）は政庁に参内した。（王が）彼にいった。

「尊きガウタマ殿、人間界の中からお望みのものをお選びください」

彼はいった。

「王よ、人間界の富はあなたのものにほかなりません。若い者（息子）の前で語られたことばを、わたくしに語っていただきたい」

彼（王）は困惑した。

「暫時《ざんじ》待たれよ」

と（王は）彼に告げた。それから彼にいった。

「ガウタマ殿、あなたがわたくしにいわれたように、この知識は、これまで、あなたより以前にバラモンたちには伝わっておりません。したがって、（それは）全世界において、王族だけの教えだったのです」

それから彼（王）は彼にいった。　　　（五・三・一〜七）

## 五火説

それからまず五火説が、第四節から第九節にわたって述べられる。

「ガウタマ殿、かの世界はまさに祭火である。太陽こそその薪《たきぎ》、光線はその煙、昼はその焔《ほのお》、月はその炭、星はその火花である。この祭火の中に、神々は信（シュラッダー）を供物《くもつ》として投げ入れる。この献供からソーマ王が出現する。

ガウタマ殿、雨雲はまさに祭火である。風こそその薪、霧はその煙、稲妻の閃光《せんこう》はその焔、稲妻はその炭、霰《あられ》はその火花である。この祭火の中に、神々はソーマ王を供物として投げ入れる。この献供から雨が出現する。

ガウタマ殿、大地はまさに祭火である。歳こそその薪、虚空《こくう》はその煙、夜はその焔、四方はその炭、四維はその火花である。この祭火の中に、神々は雨を供物として投げ入れる。この献供から食物が出現する。

ガウタマ殿、男はまさに祭火である。ことばはその薪、気息《きそく》はその煙、舌はその焔、耳はその火花である。この祭火の中に、神々は食物を供物として投げ入れる。この献供から精液が出現する。

ガウタマ殿、女はまさに祭火である。陰部こそその薪、誘惑することがその煙、陰門がその焔、挿入がその炭、性の悦《よろこ》びがその火花である。この祭火の中に、神々は精液を供物として投げ入れる。この献供から胎児が出現する。というようにして、第五の献供にさいして、水は人間のことばを語るようになるというわけである。このの胎児は胞衣《えな》に覆われて、十ヶ月あるいは適当な期間、胎内に留まって、そののち生まれる。それは生まれると、寿命のあるかぎり生きる。その者が死ぬと、指示されたところ、すなわち、その者がそこからこの世に来て、そこから生まれたところである〔火葬の〕火へと運ばれる」（五・四・一〜五・九・二）

この五火説は、祭式における祭火への献供になぞらえて、死んだ者がどのような経路をたどってまたこの世に生まれ変わるのかを説明したものである。多少イメージしにくいところもあるとはいえ、これを要約すれば、死んで火葬に付された者は、いったんソーマ王（つまり月）へと赴き、雨となって地上に降り、植物に吸収されて穀物などといった食物となり、それを食べた男の精子となり、女の胎内に注ぎ込まれて胎児となり、かくしてまたこの世に誕生するというサイクルで輪廻するということを述べているのである。

## 二道説

この五火説の話にただちに引き続いて、二道説の説明がなされる。『チャーンドーギヤ・ウパニシャッド』第五章第一〇節には以下のとおりある。

「このように知る人々、また人里離れたところにおいて信（「シュラッダー」、ヴェーダ聖典の命ずることは必ずその文言通りの結果をもたらすものであると全幅の信を置くこと）は苦行であると見なす人々は、〔死んでから火葬の〕焔に入り、焔から昼に入り、昼から月の満ちていく半月に入り、月の満ちていく半月から太陽の北行する六ヶ月（冬至から夏至まで）に入り、この六ヶ月から歳に入り、歳から太陽に入り、太陽から月に入り、月から稲妻に入る。そのとき人間ならざる人物がこの人々をブラフマン（梵）へと案内する。これが神々の道という道である。

しかし、村落において、祭祀《さいし》と善行と布施《ふせ》とが〔信である〕と見なす人々は、〔死んでから火葬の〕煙に入り、煙から夜に入り、夜から後の半月に入り、後の半月から太陽の南行する六ヶ月に入る。この人々は歳には到達しない。

〔この人々は太陽の南行する六ヶ〕月から祖霊たちの世界に入り、祖霊たちの世界から虚空に入り、虚空から月に入る。これはソーマ王であり、神々の食物である。神々はそれを食べる。〔この人々は、神々の食べた〕残りがあるあいだそこに留まり、それからまた、やってきた道を引き返す。虚空へ戻り、虚空から風に戻る。風となって煙となり、煙となって霧となる。霧となって雲となる。雲となって〔地上に〕雨と降る。その人々は、ここにおいて米、大麦、樹木、胡麻、豆となって生まれ変わる。まことに、こ〔の境涯〕から脱出することはむずかしい。誰かが〔これを〕食物として食べ、精子を〔女の胎内に〕注ぎ込んだときに、ようやく再び〔この世に〕生まれるのである。

したがって、この世において好ましい行いを積む者は、〔死後、右の過程を経て〕好ましい母胎に、すなわち、バラモンの母胎に、あるいはクシャットリヤの母胎に、あるいはヴァイシャの母胎に入るにちがいない。しかし、汚らわしい行いを積む者は、汚らわしい母胎に、すなわち、犬の母胎に、あるいは豚の母胎に、あるいはチャンダーラ（最下層民）の母胎に入るにちがいない。

これとはまた別に、小さな生き物たちは、このふたつの道のいずれにもよることなく、「生まれよ」「死ね」というぐあいに、繰り返し〔この世に〕戻ってくる。これが第三の境涯である。そこであの世は〔死者で〕いっぱいにならないのである。したがって、人は〔行いを正しくしてみずからを〕守らなければならない。そこで次の詩節がある。

黄金を盗む者、醸造酒（スラー）を飲む者、師の寝所を侵犯する者、バラモンを殺す者、

この四者は没落する。

その者たちと交わる第五の者もまた。

しかし、このようにこれらの五火を知る者は、たとえそうした者たちと交わりがあろうとも、悪に汚されることがない。このように知る者は純粋であり、清浄であり、福徳の世界を得る者である」（五・一〇・一〜一〇）

このように、祖霊たちの道は輪廻の道であり、神々の道は解脱の道である。つまり、輪廻の道を考えるということは、とりもなおさず解脱の道を考えるということでもあった。

ちなみに、『カウシータキ・ウパニシャッド』という古いウパニシャッド文献では、神々の道の行程が、より詳しく説かれている。

それには、「人間ならざる人物」によって案内された人々は、いくつもの神々の世界を通過し、最終的にブラフマンの世界に至る、そして、ブラフマンの世界は光に満ちあふれ、最高級のベッドがあり、などと、その楽園ぶりが美しく描写されている。

### 仏典に見られる五火二道説

以上の最初期の輪廻説が、後の天道・人間道・阿修羅《あしゅら》道・畜生道・餓鬼道・地獄道を数える六道（あるいは阿修羅なる生き物を除いた五趣）輪廻説へと、どのように変遷していったのかはよくわかっていない。しかし、じつは、初期仏教の古い経典においても、この五火二道説と見なしうるものが散見される。たとえば、主にブッダの言葉からなる聖典『スッタニパータ』にはつぎのようにある。

「一三九　彼は神々の道、塵《ちり》汚れを離れた大道を登って、欲や貪《むさぼ》りを離れて、ブラフマンの世界に赴くものとなった。〔賤《いや》しい〕生まれも、彼が梵天《ぼんてん》の世界に生まれることを妨げなかった」

「五〇八　〔マーガ青年の問い〕『誰が清らかとなり、解脱するのですか。誰が縛《ばく》せられるのですか。何によってみずから梵天の世界にいたるのですか。聖者よ、おたずねしますが、わたくしは知らないのですから、告げてください。師よ、わたくしは今、梵天を目の当たりにしたのです。まことにあなたはわれわれの梵天に等しいお方だからです。光輝ある人よ、どうしたならば梵天の世界にうまれるのでしょうか』

五〇九　師は答えた。『マーガよ、三種よりなる安全な祭祀を実行するそのような人は、施与を受けるべき人びとを喜ばしめる。施しの求めに応ずる人がこのように正しく祭祀を行うならば、梵天の世界にうまれる、と、わたくしは説く』と」

（中村元訳『ブッダのことば　スッタニパータ』岩波文庫にもとづく。以下同じ）

ここに「神々の道」とあるのは、まさにウパニシャッドの二道説でいう神々の道にほかならない。また、この神々の道をたどってブラフマンの世界に赴くというのも、ウパニシャッドの記述と合致する。（興味深いことに、「ブラフマン」という語が、ウパニシャッドでは宇宙の根本原理を意味するのにたいして、ここでは、宇宙創造神である梵天を指している。）

## 二　最初期の出家、そのあり方と理念

### 生を捨てて不死にいたる

先に見たように、輪廻とそこからの解脱が強烈に意識され、志ある人々にとって人生の大問題となってはじめて、常人の生活様式とはまったく異なる生活様式のなかで修行《しゅぎょう》する出家という存在が出現した。

輪廻の世界とは、実存的な生存（生、生活）の世界である。したがって、解脱するとは、生存の世界から究極的に脱却することである。

のちに仏教やジャイナ教は、涅槃《ねはん》（ニッバーナ、ニルヴァーナ）ということばを多用するようになるが、解脱した者は、今生の生存を終えてから、決して再び何かに生まれ変わることがないとされる。つまり、解脱とは、生を永遠に捨てることにほかならない。生まれ変わることがもはやないから不生《ふしょう》ともいえるし、再び死ぬことがないから不死ともいえる。印象の鮮烈さからであろうか、仏教でも、最初期には、涅槃ということばとならんで、不死ということばが好まれた。

「出家」ということばの原語

さて、「出家」と訳し得るインドの原語はさまざまある。以下に、思いつくままそれらを列挙する。わずらわしさを避けるため、すべてサンスクリット語で示すことにする。

一、プラヴラージャカ（プラヴラージン）

――「出かける」「出立する」を意味する「プラヴラジュ」という動詞からの派生語。解脱を求める者は、必然的に、世俗生活の基本単位である家庭生活を捨て去るのであるから、そこで「出家」と漢訳される。けだし名訳というべきであろう。

二、パリヴラージャカ

——「歩き回る」「彷徨《ほうこう》する」を意味する「パリヴラジュ」という動詞からの派生語。出家は、本来、一所不住《いっしょふじゅう》であるから、たえずあちらこちらと彷徨《さまよ》い歩く。もっとも、これにもっともぴったりとした訳語は「遊行《ゆぎょう》(者)」であろう。目覚めた人(ブッダ)となってからのゴータマ・ブッダは、まさに旅に生き、旅に死ぬという人生を送ったのである。

三、ビクシュ

——本来は「分け前を得る」を意味する動詞「バジュ」の希求法の語幹であったが、独立して「(食物を)乞《こ》う」を意味するようになった「ビクシュ」という動詞からの派生語。出家は金銭などの財産を持たず、また、農耕などの仕事をしてはならないので、食《じき》はもっぱら在家に乞うことによって得るということになる。もっともふさわしい訳語は「乞食《こつじき》」である。また、音を写した漢訳語では「比丘《びく》」が多用される。女性形は「ビクシュニー」なので「比丘尼《びくに》」となる。

四、ヤティ

——古くは「指導者」を意味した。やがて「修行者」、とりわけ「苦行者《くぎょう》」を、そしてついには「出家」一般をも意味するようになった。

五、シュラマナ

――出家のなかでも、ゴータマ・ブッダ当時、ヴェーダの宗教（バラモン教）を信奉しない出家を指した。「努め励む人」が原義。ゴータマ・ブッダもシュラマナであった。音を写した漢訳語では「沙門《しゃもん》」という。

六、ムニ

――伝統的な通俗語源解釈では、「沈黙する人」を意味するとされ、ふつう、宗教的に高く評価される人物のことを指し、「聖者」などとも訳される。音を写した漢訳語では「牟尼《むに》」。しかし、ときにはふつうの「出家」の意味で用いられることもある。

七、サンニヤーシン

――「すべてを捨て去る」を意味する「サンニヤース」という動詞からの派生語。もちろん、捨て去るものは、世俗生活およびそれにまつわる価値観である。仏教ではなく、ヒンドゥー教の出家がよくこの名称で語られる。

出家登場以前の修行者

もっとも、インドでは、世の塵を嫌い、人里離れたところで庵《いおり》を結んで隠遁《いんとん》生活を送る一群の人々が、輪廻思想が登場するはるか以前から存在していた。霊感（ディー）によって永遠のヴェーダ聖典（の一部）を感得してこの世に伝えたとされる聖仙（リシ）たちは、その典型であった。

かつてアーリヤ人たちは、ベニテングタケから抽出した幻覚飲料ソーマによって、簡単に霊感を得ていた。しかし、ベニテングタケが分布していないインド亜大陸に侵入してからは、宗教的エリートである聖仙たちは、人里離れたところで激しい苦行に打ち込んだ。苦行が、脳内麻薬物質の分泌を促し、しばしば幻覚剤を服用したのと同じ効果を持つことは、今日ではよく知られている。マラソンランナーが耐え難い苦痛の途上、突如すべての苦痛が消えてなくなり、あたかも天国を浮遊するかのごとき至福感を覚えるのは、実は脳が分泌するエンドルフィンという苦痛を解消する麻薬物質であることが、一九七〇年ごろから明らかになっている。

こういうわけであるから、往昔《おうせき》のヴェーダの聖仙たちが人里離れたところで苦行に励んだのは、解脱を目的としてのことではない。それは、第一義的には、ヴェーダ聖典を感得する霊感を得るためであり、また第二義的には、験力《げんりき》という超能力を得、それを取引材料として神々から望みのものを得るためであった。したがって、聖仙たちは、世俗的なものすべてを捨て去ったわけではない。家庭生活も営んでいたし、大なり小なりの私有財産も蓄えていた。

最初期の出家、ヤージュニャヴァルキヤ

輪廻思想がインド社会の前面に登場してからは、輪廻からの解脱を願う人々は、おのずから、往昔の聖仙たちとはまた異なる生活様式を模索した。それが出家になるということであったが、出家にならなければならない理由、つまり出家の意義と目的とを明瞭《めいりょう》に説いたものとしては、インド最初の哲学者ウッダーラカ・アールニ（前八世紀ごろ）とならんでウパニシャッドの二大哲人として名高いヤージュニャヴァルキヤ（前七世紀ごろ）の教えが最古のものといえる。

ヤージュニャヴァルキヤは、ヴィデーハ国（後にゴータマ・ブッダが活躍する地域に隣接していることに注目）のジャナカ王を相手に、つぎのようにいう。

「この偉大で不生《ふしょう》の自己（アートマン）は、もろもろの個体機能のなかにあって認識よりなるものであり、心臓の中の虚空《こくう》に横たわっており、いっさいのものの統御者であり、いっさいのものの支配者であり、いっさいのものの君主であります。それは善業によって増大することがなく、悪業によって減少することもまったくありません。これはいっさいのものの主宰者であります。これは生類の君主であります。それは生類の守護者であります。それは、もろもろの世界が分離しないように保持する橋であります。

バラモンたちは、ヴェーダの読誦《どくじゅ》によって、犠牲祭によって、布施によって、苦行によって、断食によって、それを知ろうと願います。ほかならぬこれを知れば聖者（ムニ）になります。この世界を望みながら、出家は出家するのです。

まさにこのことを知っていたからこそ、往昔《おうせき》の人々は、この自己を、すなわちこの世界を手中にしているわれわれにとって、子孫に何の用があろうかといって、子孫を欲しませんでした。かれらは、息子を得ようとする熱望、財産を得ようとする熱望、世界を得ようとする熱望から脱却し、乞食行《こつじきぎょう》を行ずるのであります。なぜなら、息子を得ようとする熱望は財産を得ようとする熱望であり、財産を得ようとする熱望は世界を得ようとする熱望だからです。つまり、これら二つは熱望にほかならないからです。

かのものは、『ではない、ではない』としかいいようのない自己で、不可捉であります。なぜなら、把捉《はそく》されないからです。かのものは不壊であります。なぜなら、壊されないからです。かのものは無執著《むしゅうじゃく》であります。なぜなら、執著されないからです。かのものは束縛されることなく、よろめくことなく、傷つくことがありません。『これゆえにわたくしは福徳を作った』ということも、『これゆえにわたくしは罪障を作った』ということも、このものを超えることはありません。むしろ、このものがこの両者を超えるのです。為されたことと為されなかったこととが、このものを熱することはありません」（『ブリハッドアーラニヤカ・ウパニシャッド』四・四・二二）

ヤージュニャヴァルキヤが一貫して考察し続けたものは自己（アートマン）である。しかし、世間の人々が自己と見なしているものは、彼にとっては、真の自己ではない。というのも、自己を示すとされる「わたくし」ということばを主語にして、世間の人々はさまざまな述語（属性、限定）を結びつけるからである。「わたくしは……である」と世間の人々は口にし、それが自己の本質であると思っているが、真の自己はいかなる属性、限定も持たない。ということは、これが自己である、あれが自己であるというように、自己はことばによって把捉することはできない。あえていえば、「……」にあらゆることばを投げ入れて、「……は自己ではない」というしかない。

また、そもそも自己は認識主体なのであるからこそ認識対象とはなり得ない。後世の譬《ひ》喩《ゆ》では「刀はみずからを切れない」とされる。

ところで、こうした真の自己を発見、体得するためには、それなりのことを行わなければならない。いわゆる修行である。これにあたるものとして、ここにも記されているように、旧来は、ヴェーダの読誦、犠牲祭執行、布施、苦行、断食が考えられた。

これらは、生まれてこのかた送ってきた日常的な生活、つまり世俗生活を送りながら実践することが可能である。しかし、たとえこれらを実践したとしても、世俗生活に身を置きながらのことでは、聖者となることは至難の業である。そこで、出家となることが望ましいと考えられるにいたったのである。つまり、輪廻からの解脱への道をたどるにあたって、在家よりも出家のほうがはるかに優位に立つことができると表明されているのである。こうした出家優位の考え方は、のちの仏教やジャイナ教では、さらに強烈なものになっていった。

仏典に見える出家のすすめ

のちの初期大乗仏教は例外として、インド仏教は出家至上主義の立場をとる。ゴータマ・ブッダも、当然のように、人々に、世俗生活を捨てて出家になれと説いてやまない。(もっとも、ある時期から、ゴータマ・ブッダは、家庭的な条件などが整わない人に出家をすすめなくなるが。)『スッタニパータ』にはつぎのようにある。

「四四　葉の落ちたコーヴィラーラ樹のように、在家者のしるしを棄て去って、在家の束縛を断ち切って、勇者はただ独《ひと》り歩め」

「在家者のしるし」というのは、きれいに束ねられた長髪、イヤリングやネックレスやブレスレットなどの装飾具、こぎれいな衣などである。また、屋根のある家に住み、ベッドで寝るということも在家のすることであって、出家のすることではないとされる。

世俗生活で大切とされるものへの愛着を断ち切るというのも、出家にとっては肝心なことである。同じく『スッタニパータ』には、

「六〇　妻子も父母も、財宝も穀物も、親族やそのほかのすべての欲望の対象までも、すべて捨てて、犀《さい》の角のようにただ独り歩め」

「六四　葉の落ちたパーリチャッタ樹のように、在家者の諸々のしるしを除き去って、出家として袈裟《けさ》の（ぼろ布をつづり合わせた汚い色をした）衣をまとい、犀の角のようにただ独り歩め」

食についても、『スッタニパータ』ではつぎのようにいわれる。

「六五　諸々の味を貪ることなく、えり好みすることなく、他人を養うことなく、戸ごとに食《じき》を乞い、家々に心をつなぐことなく、犀の角のようにただ独り歩め」

世の無常を骨の髄まで染みこませなければならないともいう。同じく『スッタニパータ』には、

「八〇四　ああ短いかな、人の生命よ、百歳に達しないうちに死んでしまう。たといこれよりも長く生きるとしても、また老衰のために死ぬ。

八〇五　人々はわがものであると執著した物のために憂《うれ》う。〔自己の〕所有したものは常住ではないからである。この世のものはただ変滅すべきものである、と見て、在家にとどまってはならない」

『スッタニパータ』のつぎのことばは、在家にたいする出家の圧倒的優位を、力強く宣言している。

「二二一　あたかも空飛ぶ青頸《あおくび》の孔雀がどうしても白鳥（ハンサ鳥）の速さに及ばないように、在家者は、世を遠ざかって林の中で瞑想《めいそう》する聖者・修行者に及ばない」

ここで念を押しておきたいのであるが、かなり多数の有名な仏教学者たちが、ブッダはなぜ出家となったかという根本的な動機の説明に戸惑っているのは、出家というのは輪廻転生という苦の連続から永遠に脱却すること、つまり解脱するためであるという極めて明白な文脈が見えないからにほかならない。ブッダは輪廻転生などという俗説に立たなかったとか、自業自得の核になる自己の存在を否定した（無我説）ということから離れられないならば、ブッダが出家となった動機などわかるはずもないのである。

インド思想史からすれば明々白々なことがわからなければまた何をか言わんやである。インド思想史について不勉強極まりないのである。

## 三　人生期制と出家

### 「反社会的存在」としての出家

ヤージュニャヴァルキヤは、出家となる前には二人の妻がいたが、どうやら子供はもうけなかったらしい。そもそも彼は、先にも見たように、子孫も財産も何の用があろうかと断言している。

しかし、旧来のヴェーダの宗教（バラモン教）は、そうした出家が続々と出現することを黙視しているわけにはいかなかった。なぜなら、ヴェーダの宗教は、本来、世俗的な宗教であり、世俗を離れて出家となるということは反社会的な行為であるとして、少なくともしばらくは、けっして歓迎されなかった。

祭官職を独占しているバラモンたちにしてみれば、すべての人々は、結婚して子供（とくに、祖霊祭執行の有資格者である男子）をもうけ、家業に励んで富を蓄え、大中小の祭祀《さいし》の施主となり、祭官であるバラモンたちにあたうかぎりの莫大な報酬を支払うことが望ましい。出家は、バラモン階級の生活基盤であるこのシステムを破壊し、危機に陥れるものだと考えられもしたのである。

## 人生期の構想

ヤージュニャヴァルキヤのころから、出家の数は飛躍的に増大していったものと思われる。そこでバラモンたちは、出家という存在をヴェーダの宗教における社会体制のなかでどのように位置づけるかについて、議論をたたかわせた。のちのダルマ・シャーストラ

（法学）の諸文献から察するに、その位置づけは簡単にはいかなかったようである。その苦渋に満ちた論議のなかから、「人生期」（アーシュラマ）という構想が練り上げられていった。

人生期の構想というのは、まっとうな社会人ならば、年齢相応のライフ・スタイルに従うべきであるという考えにもとづく。

バラモンたちによってもっとも重視されたのは、ヴェーダ聖典の学習に励むべき学生期《がくしょうき》と、一家の繁栄のために家業に専心し、子供（とくに男子）をもうけ、ヴェーダ聖典の定めに忠実に従って（バラモンたちの思惑どおりに）大中小の祭祀の施主《せしゅ》となるべき家住期とである。

この二つの人生期がヴェーダの宗教における社会体制の根幹をなすべきだということは、「人間の負う三つの債務《さいむ》（リナ）」という考え方によっても裏打ちされる。

どういうことかというと、人間がこの世で人生を享受できるというのは、天の恵みを授けてくださる神々と、いかに生きるべきかを定めたヴェーダ聖典を感得してこの世に伝えてくれた聖仙たちと、この世に自分を生まれさせてくれたご先祖さま（祖霊）たちのおかげであるという。この「おかげ」が「債務」であり、おかげに報いることが「債務の返済」である。ヴェーダの宗教に生きる人間にとって、人生の究極の目的は、そうした債務の完全返済（アーヌリニヤ）であると、バラモンたちは主張してやまなかった。

神々への債務の返済とは、積極的に大中小さまざまな祭祀の施主になり、祭官であるバラモンたちへの報酬を惜しまないことである。聖仙たちへの債務の返済とは、ヴェーダ聖典を暗唱することである。ご先祖さまたちへの債務の返済とは、祖霊祭を行うことと、その祖霊祭を執行する有資格者である直系の男子をもうけることである。

## 出家と人生期とのかかわりについての議論

このように見てくると、ヴェーダの宗教にとって、出家の存在が許される余地はまったくない。しかし、現実には、出家となる人々が続出し、多くの一般人たちがこれを容認し、出家を尊崇しその生活を支えることで大きな功徳が得られるという考えが、急速に社会常識となりつつあった。この現状を踏まえ、保守的なバラモンたちも、この事態にしだいに現実的に対応せざるをえなくなっていった。

そこで、いろいろな議論がたたかわされた。

学生《がくしょう》（ヴェーダ聖典の学習に専念する身分）がいつまでも独身で学生であるのはいたしかたないとして、家住期を経ないで出家となってもよいものであろうか。バラモンたちとしては認めたくないところであるが、現実にはそうしたケースもまれではない。

では、家住期を経たならば出家もいたしかたなかろうといっても、家住期の義務を満足に果たさないで出家となるというのはいかがなものであろうか。これも、バラモンたちとしては認めたくないところであるが、現実にはそうしたケースも、やはりまれではない。ヤージュニャヴァルキヤがそうだったし、ゴータマ・ブッダもそうだった。

出家などという存在はあくまでも認めるべきではない、出家は徹底的に非難されてしかるべきだ、という考えをもつバラモンたちもいた。しかし、これは現実との、やや不毛な格闘になることは目に見えているといえば見えている。

ではどう考えたらよいのか。バラモンたちのあいだで議論は続いていった。

悪魔ナムチのことば

さて、古い仏典である『スッタニパータ』には、苦行に専心しているゴータマ・ブッダに、悪魔ナムチがつぎのように語りかけたという話が伝えられている。

「四二八　あなたがヴェーダ学生としての清らかな行いをなし、聖火に供物をささげてこそ、多くの功徳を積むことができる。〔苦行に〕つとめはげんだところで、何になろうか」

このことばのうち、「ヴェーダ学生としての清らかな行いをなし」というのは学生期に、そして「聖火に供物をささげて」というのは家住期に正確に対応する。悪魔ナムチのことばは、世俗生活、とりわけ学生期と家住期とを最良のものとする保守的なバラモンたちのことばにほかならない。

あとでも論ずることになるが、悪魔ナムチというのは、一般に考えられているように、ゴータマ・ブッダの心の葛藤《かっとう》を象徴的に示した擬人的存在ではなく、世俗的な価値しか認めようとしない、保守的で、出家を目の当たりにすると黙ってはいられない、かなりおせっかいな、具体的な人間にほかならない。

それにしても、悪魔ナムチによって代表される保守的なバラモンたちの考えは、ゴータマ・ブッダの時代、まだまだ社会に根強く息づいていたようである。

ゴータマ・ブッダは、一六歳で結婚しており、複数の妾《めかけ》がいたにもかかわらず、なかなか子供ができなかった。家督を継いで釈迦族の国王としての義務を果たし終えるなどというのは勘弁してもらうとしても、子供をもうけないままで出家するとなると、これはいかにしてもあまりにも反社会的であり、一族にも大きな迷惑をかけることになる。それだけ、ゴータマ・ブッダが、やっと男子をもうけるや間をおかず出家となったというのは、それゴータマ・ブッダも、最低の社会的義務ということを配慮していたことを意味すると考えてよいであろう。

「四人生期」説の生成発展

人生期のようなものを意識した最古の文献は、おそらく『チャーンドーギヤ・ウパニシャッド』(前八世紀)であろう。そこにはつぎのように説かれている。

「三つの法(社会的義務、正義)の領域がある。供犠《くぎ》とヴェーダの学習と布施とが第一である。苦行こそ第二である。つねに師の家で自分を苛《さいな》みながら、学生として師の家に居住する者は第三である。これらすべては、功徳《くどく》の世界を有する(手に入れる)者たちとなる。ブラフマン(宇宙の根本原理)に安住する者は不死に赴《おもむ》く」(『チャーンドーギヤ・ウパニシャッド』二・二三・一)

このうち、第一の法の領域のうち、供犠と布施とは、のちにいう家住期に属すると見ることができる。第一の法の領域のうちにあるヴェーダの学習と第三の法の領域とは、のちにいう学生期に属すると見ることができる。第二の法の領域である苦行は、具体的なイメージとしては、人里離れたところで苦行に励む聖仙たちの生活徳目であろうが、のちにいう林棲期《りんせいき》に属すると見ることができる。

さて、これら三つの法の領域を実践する人々は、「功徳の世界を有する者たち」となるとある。そしてその直後に、「ブラフマンに安住する者は不死に赴く」という一文が続く。

このウパニシャッドにたいする現存最古の注釈書を著したのは、八世紀の不二《ふに》一元論（幻影論）学派の開祖シャンカラである。彼の注釈の趣旨と、彼よりもはるか以前に編纂《へんさん》された法学（ダルマ・シャーストラ）の最大の成果『マヌ法典』の記述とを照合すれば、「第一」が家住期に、「第二」が林棲期に、「第三」が学生期に属するものであると解釈されていることがわかる。この三者が得るものは「功徳の世界」であり、そして、最後の者が得るものは「不死」である。前三者は世俗の世界の住人であり、最後の者は世俗を超越した者である。

『マヌ法典』では、人生期は以下のとおりで、しかもこれは「飛び級」なしに順序をきちんと追うべきものと規定されている。

一、学生期。ヴァルナ（階級）ごとに定められた年齢に入門式（社会の正式な成員となる通過儀礼）を行い、師のもとでヴェーダの暗唱に専心する。学生は、この期間、異性との性的な関係を持たない不犯《ふぼん》の生活（梵行《ぼんぎょう》）を送らなければならない。
二、家住期。結婚し、子供（とくに男子）をもうけ、家業に励んで富の蓄積をはかり、さまざまな祭祀の施主となり、祭官であるバラモンたちに気前よく報酬を支払わなければならない。
三、林棲期。息子に家督を譲り、人里離れたところに庵を結び、瞑想や苦行など、宗教的な生活に専心する。
四、遊行期。死期の遠からぬことを自覚したならば、無一物で乞食遊行の生活に入り、輪廻からの解脱を目指す。

こうした『マヌ法典』の四人生期説はきわめて巧妙で、出家も含めたあらゆるライフ・スタイルを認めつつ、世俗の義務を完全に果たし終えたならば出家もよしとすることによって、祭祀《さいし》の執行にたいする報酬で生活をするバラモンたちの利益を理論的に保証したのである。こう規定された出家ならば、バラモンたちには何の実害もない。バラモンたちは、じつにしたたかなのであった。

## 最初期仏典の「悪魔」と「神」

最初期の仏典には、しばしば「悪魔」と「神」が登場する。では、その「悪魔」とか「神」とかというのは、本当のところ何を、誰を指すものだったのだろうか。あまり詳しく書くと、本書のバランスがよくなくなるので、ここではごく簡潔に記すことにする。

まず「悪魔」であるが、原語は「マーラ」で、「死をもたらす者」を意味する。音を写した漢訳語では「魔羅《まら》」あるいはたんに「魔」である。これに、「悪い者」だという意味を付け加えてできたのが「悪魔」という訳語である。

ゴータマ・ブッダの周辺に出没する悪魔のなかでも、とりわけ有名なのはナムチである。この悪魔はまた、天魔波旬《はじゅん》（パーピーヤス、「より悪い者」の意）とも呼ばれる。

この悪魔は、苦行に打ち込んでいるゴータマ・ブッダに、世俗の快楽に生きることこそがもっとも人間らしい生き方であるといって、執拗《しつよう》に語りかけ、修行を断念させようとした。

波旬の誘惑攻勢は、単独で行われただけではなく、波旬の多くの手下、あるいは仲間たちによっても行われた。ゴータマ・ブッダはそれを「悪魔の軍勢」と呼んでいる。また、やや後の成立になる伝承では、波旬は、自分の三人の娘、すなわちラガー（貪《とん》）、アラティ（瞋《しん》）、タンハー（渇愛《かつあい》）にも、いわゆるお色気攻勢をかけさせている。

ゴータマ・ブッダは、成道《じょうどう》にさいして、波旬を頭領とする悪魔の軍勢を完全に退けたとされている。そこで、成道は、しばしば「降魔《ごうま》成道」と呼ばれたりもする。

ところが、古い仏典を見ると、成道のあとも、数え切れないほどの悪魔が、しばしばゴータマ・ブッダの周辺に現れている。さらには、弟子も育ったことでもあるし、そろそろ完全な涅槃（死）に入ったらどうかという悪魔の勧めをゴータマ・ブッダは受け容《い》れている。

そこで、「人間ゴータマ・ブッダ」という誤った枠概念に引きずられた多くの近代仏教学者たちは、こうした悪魔たちを心理主義的に「煩悩《ぼんのう》」と解釈し、成道のあとにも、ゴータマ・ブッダは、みずからの煩悩と戦わなければならなかった。生涯をかけて煩悩と戦ったのであるから、ゴータマ・ブッダは、じつに「人間らしい」人物であった、と、妙なところで納得してゴータマ・ブッダを人間主義的に称賛するのである。

と、くだくだしいことを述べるのはやめにして、結論だけいうことにする。

ゴータマ・ブッダが「悪魔」と呼んでいるのは、出家修行者に悪意を持ち、誘惑したり、いやがらせをしたりする、バラモンたちを中心とする世俗主義的な人々、あるいはまた、出家修行者に恐れを抱かせる天変地異、猛獣などである。

ゴータマ・ブッダは、修行を完成していない弟子たちに、修行の妨げとなる人々やものごとを一種の隠語として「悪魔」と呼び、十分な警戒心を持つと同時に、いらぬ恐れを抱かないようにと諭《さと》したのである。

一方、「神」と称される人物も、古い仏典にしばしば登場する。サッカ（帝釈天《たいしゃくてん》）など、その典型である。

古い仏典に、ゴータマ・ブッダの前に姿を見せる「神」の原語は「デーヴァター」である。これを多くの学者は、「神」を意味する「デーヴァ」に、抽象名詞を作る接尾辞「ター」を付けたものであるから、「神性」「神格」（英語では divinity など）という訳語を当てている。ひどいのになると、「デーヴァター」は女性名詞であることから、愚かにも「女神」と訳す人もいたりする。

そうではない。真相は、「デーヴァ」と呼ばれる神は、われわれから遠く離れたどこか知らないところにまします神であり、「デーヴァター」というのは、われわれのすぐ身近にいて、われわれに作用を及ぼす力のある神のことをいう。

たとえば、祭式の場に勧請《かんじょう》された神は、「デーヴァ」ではなく、かならず「デーヴァター」と呼ばれる。また、本格的な神ではないが、超人的な存在である半神、たとえばヤッカ（ヤクシャ、夜叉《やしゃ》）は、われわれの生活空間のなかにあるバニヤンの樹に宿っているので、やはり「デーヴァター」と呼ばれることがある。

つまり、古い仏典で、ゴータマ・ブッダの前に姿を現すデーヴァターというのは、先の悪魔と反対に、ゴータマ・ブッダや仏教の出家修行者たちに好意的な世俗人のことを指す。

ただし、デーヴァターたちは、ゴータマ・ブッダに帰依すると宣言した弟子や信者ではない。それは、彼らがゴータマ・ブッダに呼びかけるに「ゴータマよ」と、本名をもってしていることからわかる。弟子や信者は、けっして「ゴータマよ」とはいわない。かならず、「幸あるお方よ」（世尊）などという敬称を用いるのである。

このように、ゴータマ・ブッダが、自分たちに好意的でない世俗人などを悪魔と呼び、好意的な世俗人たちを神と呼んでいたというのは、その当時、まさに世俗世界において、出家という、いわば反（非）社会的な存在を絶対に認めないバラモンたちを中心とする人々が多数いたと同時に、寛容に認める人々も少なからずいた、ということを雄弁に物語っているのである。

# 第二章　苦楽中道――いかに苦しみを滅するのか

## 一　ゴータマ・ブッダの独創性

### 苦楽中道から導き出されたもの

「中道《ちゅうどう》」という用語は、仏教の長い歴史のなかで、多様な意味で用いられてきた。そのもっとも古い意味は「苦楽中道」ということであり、これは確実にゴータマ・ブッダその人に帰せられるものの見方である。

苦楽中道というのは、身体を痛めつける極端な苦行《くぎょう》からも、またその正反対に、快楽原理にもとづく世俗生活からも離れたところにこそ、輪廻《りんね》からの解脱《げだつ》にいたる本当の道があるということである。この考え方は、修行を完成して目覚めた人ブッダとなるにいたる直前に、ゴータマ・ブッダが、みずからの来《こ》し方を反省しながら得た確信であった。

本章の主題は、このゴータマ・ブッダの有名な苦楽中道説の深層に何があるのか、つまりゴータマ・ブッダは何を見出《みいだ》してそのような確信を手に入れたのか、という問題である。

いいかえれば、無数いた沙門《しゃもん》の一人であったゴータマ・ブッダが、やがて世界三大宗教の一つにまで発展することになる仏教を開いた、その根拠となる根本的な独創性はどこにあったのかという問題である。

と、大仰そうなことをいったが、本章の結論を見て、多くの人は、もしかして、何を今さらと思われるかもしれない。しかし、わたくしの知るかぎり、その独創性が、どのような理由で明確に独創性といえるのか、その理由を、手にとるようにわかるほどはっきりと示した論考は、意外なことに、今までなかったように思う。

たとえば、多大な業績、とりわけ原始仏教（初期仏教）の研究での多大な業績で広く知られている中村元博士は、ゴータマ・ブッダは「ドグマ」を説かなかったといって、その独創性を驚くほど明快に否定する。ここでいわれる「ドグマ」は、仏教独自の教説という意味なのであるが、そう中村元博士が強調する理由はないこともない。

というのも、従来、仏教学者は、ゴータマ・ブッダが生まれ、育ち、考え抜いた、インドのその時代、その地域の思想的土壌を考察することがほとんどなかった。

中村元博士はそうした状況への深い反省の上に立ち、ゴータマ・ブッダが登場、活躍した背景にある思想的土壌を精力的に調べ上げた。その結果、ゴータマ・ブッダのことばとして伝えられているもののほとんど（すべて）は、とりわけ当時の沙門たちが抱いていた新感覚とはいえ共通感覚（コモン・センス）、つまり常識に帰せられるとした。そして、頻《ひん》繁《ぱん》に言外に、まとまった仏教独自の教説は、ゴータマ・ブッダが入滅して以降に、のちの仏教徒たちによって創り上げられたと示唆した。

こうした、いかなる「思想」も、その時代という枠に強く規定されるという、いわゆる歴史主義的な思想研究の根本的な考え方は、ヘーゲルやマルクスなどの弁証法的な歴史解釈をもとにしている。とりわけ、マルクスの史的唯物論による、思想を含む上部構造は下部構造によって規定されるという考えは、政治的に共産主義を認める認めないにかかわらず、二〇世紀前半の知識人たちのほとんどが共有していたものである。中村元博士も、そうした知識人を代表する学者の一人であったということである。

わたくしは、社会思想はそれが生まれた時代背景と不可分離の関係があることは理解するが、普遍的な思想、とくに哲学は、時代を超越するところにその本質的な特徴があると考える。ごちごちの歴史主義者は、たとえばソクラテスやプラトンの思想（本当は「哲学」というべきだが）は、アテネの奴隷制社会で生まれたものであるから、その歴史的制約を無視してかれらの思想（哲学）を論ずることは許されないという。しかし、わたくしは、哲学は、それが生まれた歴史背景から剝離《はくり》することができるがゆえに哲学なのだと考える。ことばには実在する指示対象があるかどうかという議論の価値は、プラトンの時代であろうと現代であろうと不変である。

と、それはともあれ、中村元博士が、部派仏教にいたるまでの仏教を「初期仏教」(The Early Buddhism)とはいわずに、一貫して「原始仏教」(The Primitive Buddhism)と呼んだのも、もしかすると「原始キリスト教」という呼称との相似性を意識してのことではなかったかと思えないでもない。

「原始キリスト教」は、キリスト教神学者たちの通説に従えば、イエスの教えではないとされる。つまり、イエスはみずからが救世主(メシア、キリスト)であるとの自覚はなかったが、イエスが磔刑《たっけい》で死んだあと、イエスの弟子たちが、イエスこそが救世主であったと見なし、秘密結社としての教会に参集して興したのがキリスト教であった、というのである。これによれば、イエスはキリスト教を興さなかった、いいかえれば、イエスはキリスト教徒ではなかったということになる。

中村元博士は、ゴータマ・ブッダは仏教を興さなかったとまで断言しないまでも、のちに伝わる仏教の原型を創ったのは、その弟子、孫弟子たちであったと見なしている節《ふし》が大いにある。

また、中村元博士は、そのような自説の根拠のひとつとして、「わたくしは弟子に教えは説かなかった」という趣旨のゴータマ・ブッダ自身のことばを挙げている。しかし、これは中村元博士の誤解といってよいであろう。

ゴータマ・ブッダのこのことばは、のちの『ミリンダ王の問い』（ミリンダ・パンハー）でも言及されているが、そこでは、このことばの真意は、ゴータマ・ブッダが、自分には、「わたしが」というかたちでの我執《がしゅう》はないといっているということだとされている。まずまちがいなく、中村元博士よりも、『ミリンダ王の問い』の解釈のほうが、仏教の教えとしてははるかに通りがよいであろう。

今は中村元博士の説にのみ言及したが、中村元博士の師匠である宇井伯寿博士の学問の流れを汲《く》む仏教学者のほとんどは、いいかたの相違はさまざまあれ、どうもゴータマ・ブッダの独創性を否定したり、それに言及することを避ける傾向にある。

この点については、本書の別の個所でまた触れることもあろうが、ともあれ、ゴータマ・ブッダが仏教を開いた根拠となる独創性とは何かを、単刀直入に問う論考が見あたらないことは確かなようなので、本書は、そうした状況に、少しは一石を投ずるものになるはずであると考える。

## 二　一度は捨てた瞑想の道

### アーラーラ・カーラーマ仙人のもとで

二十九歳で出家となったゴータマ・ブッダは、まず、当時令名《れいめい》の高かった宗教指導者を訪ねることにした。

最初に訪ねたのは、瞑想《めいそう》（禅定《ぜんじょう》）によって解脱にいたると説き、多くの弟子を従えていたアーラーラ・カーラーマ仙人のもとであった。

この仙人がどこに住んでいたのかについては、文献によってさまざまである。ヴィンディヤ山脈の麓《ふもと》という説もあれば、ヴェーサーリー（ヴァイシャーリー）市の近郊という説もある。ただ、中村元博士は、ゴータマ・ブッダは、仙人のもとを訪れる途中、王舎城《おうしやじょう》（ラージャガハ）でマガダ国王ビンビサーラと出会ったことになっているので、王舎城とか、ブッダガヤーとか、いずれにしてもそのあたり、現在でいえばビハール州の比較的南部にいたのであろうと推測している。おそらくそう考えるのが穏当であろう。

いくつもの伝承が共通して伝えるところによれば、アーラーラ・カーラーマ仙人が、これによって解脱にいたることができるとしたのが、無所有処《むしょうしょ》を最高の境地とする瞑想であった。

のちの仏教では、無所有処定《じょう》は、四無色定《しむしきじょう》の第三番目とされ、この境地に達するというのは、無色界《むしきかい》の無所有処と呼ばれる場所（無色界であるから、本当は場所は特定できないことになっているが）に住《じゅう》することであると解釈される。もっとも、アーラーラ・カーラーマ仙人がいたったとされる無所有処という境地が、仏教の四無色定のなかのそれと正確に一致するかどうかは、何しろ体験の中身のことであるから、文献からじかに知ることはむずかしい。ただ、アーラーラ・カーラーマ仙人の手ほどきを受けたゴータマ・ブッダが、成道《じょうどう》ののちにも愉《たの》しんでいた瞑想のうちの少なくともひとつは、まちがいなくアーラーラ・カーラーマ仙人直伝の無所有処の瞑想であったことは確かである。

おそらくアーラーラ・カーラーマ仙人がいうところの無所有処というのは、瞑想の果てにたどりつく、見る者も見られるものも何もないという心境のことであろう。これは、はるか後世の『ヨーガ・スートラ』（ヒンドゥー教ヨーガ学派の根本テクスト）における「心のはたらきの停止」という意味でのヨーガ、つまり三昧《さんまい》（サマーディ）に相当するものと思われる。心のはたらきが停止するとは、感情も思考も停止することである。

ゴータマ・ブッダは、仙人のいうとおりに実践してみたところ、いとも速やかに仙人がいうところの最高の境地である無所有処を体得してしまった。ところが、それで何かが大きく変わったかといえばそうでもないということがわかってしまったゴータマ・ブッダは、仙人の教えに飽きたらず、彼のもとを去った。

### ウッダカ・ラーマプッタ仙人のもとで

つぎにゴータマ・ブッダが訪れたのは、ウッダカ・ラーマプッタ仙人のもとであった。この仙人は、非《ひ》想非《そうひ》非《ひ》想処《そうじょ》こそが最高の境地で、アーラーラ・カーラーマ仙人と同じように、瞑想によって到達できると説いていた。

この境地も、のちの仏教では、四無色定のうちの第四番目に数えられているものである。文字どおりには、「識別するのでもなく、識別しないのでもない、という境地」というほどの意味である。先の無所有処では、「識別作用は消えた」というかたちでまだかすかに残存していた識別作用そのものが、ここでは完全に消え去る、つまり、識別する、しないがまったく意味をなさないほどにまで心のはたらきが停止する、ということなのであろう。これも、感情や思考の停止を目指す瞑想で得られる境地である。

ゴータマ・ブッダは、この境地にも速やかに達したが、やはり何の益もないことがわかり、仙人のもとを去った。

輪廻と解脱のメカニズム

しかし、では、アーラーラ・カーラーマ仙人といい、ウッダカ・ラーマプッタ仙人といい、そして彼らに従っていた数多くの弟子たちといい、なぜそれほどまでに、瞑想によって思考停止(感情停止でもある)の境地を体得することを高く評価していたのであろうか。それは瞑想が、彼らを含め、当時の出家たち一般が考えていた輪廻のメカニズムによっていたからなのである。(この点を明快に指摘した論考を、わたくしはかつて見たことがないのであるが。)

当時、出家たちの一般常識としては、輪廻的生存の直接の原因は、行為(カルマン、業《ごう》)であった。(これを最初に発見したのは、例のヤージュニャヴァルキヤである。)「善因楽果、悪因苦果」「自業自得」というようにいい表される因果応報説では、業が輪廻の直接の原動力とされるのである。

では、われわれは、どうして善悪の業を起こすのであろうか。それは、そうしたいと思うからそうするのである。つまり、業は、われわれの欲望を原因として起こるものだということである。

このような輪廻のメカニズムを図示すれば、つぎのようになる。

欲望
↓
行為（善悪の業）
↓
輪廻

すると、輪廻的な生存をやめて解脱にいたるためには、善悪の業を滅ぼせばよく、そして、その善悪の業を滅ぼすためには、欲望を滅ぼせばよいことになる。

この解脱のメカニズムを図示すれば、つぎのようになる。

欲望の滅
↓
行為（善悪の業）の滅
↓
輪廻の滅（＝解脱）

ところで欲望は、感情や思考の所産である。すると、感情や思考を停止すれば、自動的に欲望もなくなるというのはまさに道理である。アーラーラ・カーラーマ仙人やウッダカ・ラーマプッタ仙人たちが、感情と思考の停止を目指す瞑想に、あれほど夢中になって打ち込み、それをみずから高く称賛したわけは、まさにここにある。

ところが、ゴータマ・ブッダは聡明《そうめい》であったため、すぐに気がついてしまった。すなわち、たしかに瞑想を行い、感情や思考が停止する境地にいたれば、欲望は起こらない。しかし、その境地の体得というのは一時的なものにすぎず、瞑想を止めればまた元の木阿弥《もくあみ》となる。これはしたがって最終的な解脱にいたる道ではなく、完全な心の平安（涅《ね》槃《はん》、寂《じゃく》静《じょう》）をもたらすものではない、と。

こうして、ゴータマ・ブッダは、瞑想の道に見切りをつけた。

## 三　苦行に入り、苦行を捨てる

### 苦行の有効性とその限界

瞑想の道を捨てたゴータマ・ブッダは、今度は、当時、出家たちのあいだでおそらく瞑想以上に流行していた苦行の道に進むことになった。

ゴータマ・ブッダは、古くから聖地と見なされていたガヤーの地にあるウルヴェーラー村に接した苦行林（タポーヴァナ）で、五人の比丘《びく》（男性の出家修行者）を修行仲間として、激しい苦行に打ち込んだ。（この五比丘がゴータマ・ブッダとグループを組んだわけには諸説ある。彼らは、ゴータマ・ブッダの父、スッドーダナ王が、釈迦族の若者のなかから選び、王子を守るために派遣した人たちであるという伝承が有名であるが、真偽のほどは確かでない。）

苦行といっても多種多様であるが、ゴータマ・ブッダがとりわけ熱心に行ったとして伝えられているのが、断食行と止息行とであった。

伝承にもとづいてのちに作製された苦行釈迦像(ガンダーラ出土、パキスタンはラホール博物館所蔵のものがとくに有名)は、すっかり肉が落ち、まさに骨と皮だけになった、すさまじい形相《ぎようそう》のゴータマ・ブッダを描いている。また、止息行では、仮死状態に陥り、神々から「ゴータマは死んだ」といわれたりしたという。

このような、死の寸前にいたるまで身を苛《さいな》む苦行は、では、なぜ解脱にいたる道であると考えられていたのであろうか。それは、先にも述べた、当時、出家たちの一般常識となっていた輪廻のメカニズム、そしてその裏返しとしての解脱のメカニズムの構図による。(この点でも、これを明快に指摘した論考をわたくしは見たことがない。)

すなわち、その常識的な輪廻のメカニズムによれば、輪廻的な生存を引き起こす究極の原因は欲望である。

アーラーラ・カーラーマ仙人やウッダカ・ラーマプッタ仙人など、当時瞑想の道を歩んでいた人々は、感情や思考を停止状態に持ち込むことで、欲望の滅を目指した。

これにたいして、苦行は、身を苛み、極度の禁欲で心を鍛えることによって、欲望を、いわば力ずくで抑え込むということを目的としたのである。

たしかに、苦行という極度に禁欲主義的な修行によって、身心は清澄となり、欲望が起こることは著しく減少する。これは、のちまでゴータマ・ブッダ自身が語っていること

（「見よ、身心の清澄なることを」）であるから、確かであると考えてよい。

しかし、ゴータマ・ブッダは、成道以前にかけた六年（七年という伝承もあるが、足かけ七年ということであろう）という歳月のほとんどを激しい苦行に打ち込んだにもかかわらず、ついに欲望が最終的になくなることがないことに気づくようになる。

苦行では、欲望は少なくなるし、出てきた欲望をかなり効率よく抑え込むこともできる。しかし、いわばモグラ叩《たた》きのようなもので、いっさいの欲望の最終的な終結には、いつまでたってもいたらない。この根本的な疑問は膨らんでいくばかりで、ついにゴータマ・ブッダは苦行に見切りをつけ、それを捨てた。

## 成道（目覚め）へ

ゴータマ・ブッダは、苦行林から村里に下り、沐浴《もくよく》し、村の長《おさ》である牛飼いの娘スジャーターから滋味豊かな食べ物（牛乳で炊いたおかゆに蜂蜜や砂糖をたっぷり加えたもの）の提供を受けた。これを見た修行仲間の五比丘たちは、「ゴータマは堕落した」といって慨《がい》嘆《たん》したという。ゴータマ・ブッダは、こうして衰弱した身体を十分に養ってから、ネーランジャナー河を臨むアシュヴァッタ（のちに菩提樹《ぼだいじゅ》と呼ばれる）の大樹の下に坐《ざ》した。

そのときに、ゴータマ・ブッダは、あまりにも強く張った糸は切れてしまうという譬《たと》えのなかで、快楽原理に従う世俗生活とその極端な対極である苦行主義との両者を離れた、いわゆる苦楽中道こそが修行の本道だということをしっかりと自覚した。そして静かに瞑《めい》想《そう》に入り、ほどなくして目覚めた人、ブッダになった。

このあたりの話はあまりにも有名で、今さら何も説明を付け加えることはないように見えるが、従来の学術的な書物でも、また、ましてや一般向けの通俗解説書でも、ここからいきなり「では、ゴータマ・ブッダは、菩提樹の下で何をさとったのか」という話に飛んでしまう。

しかし、これでは、ゴータマ・ブッダは、ともかく苦行はだめだからといって突然それを止め、やみくもに瞑想に突入したら、いきなり真理（法）がひらめいて、という筋の、何か唐突というか荒唐無稽《こうとうむけい》というか、そのようなわけのわからない話でしかなくなるのではないだろうか。

ゴータマ・ブッダが苦行を止めたのには、それなりに重大な理由があり、また、かつては捨てたはずの瞑想の道に再び入ったのにも、もちろんそれなりの重大な理由があるはずである。従来のどの論考も、この理由については、驚くほど無頓着《むとんちゃく》であるか、あるいはまったく触れないままでいるものばかりである。

では、どう考えればよいのであろうか。わたくしは、つぎのように考えるのがもっとも自然であり、かつ前後の筋道がきちんと立つのではないかと確信する。

すなわち、ゴータマ・ブッダは、苦行に根本的な疑問を抱きはじめたとき、すでに真理を、顕《あら》わにではないが鋭く直感していたと考えるのが自然というものではないか、ということである。そして、ゴータマ・ブッダは、苦楽中道こそが本道であると自覚したとき、その真理を確信し、その確信のもとに瞑想に入り、その確信を不動のものとなし終えた、そのとき、もはや疑念や迷いを完全に払拭《ふっしょく》して目覚めた人、ブッダになった、と、こう考えると、すべての曖昧模糊《あいまいもこ》、隔靴掻痒《かっかそうよう》の感から抜け出すことができるとわたくしは考える。

以下にそのことを考察しよう。

## 四　ゴータマ・ブッダは何を発見したのか

### 根本的な生存欲（無明、癡、渇愛）の発見

では、苦行に根本的な疑問を抱きはじめたとき、ゴータマ・ブッダはどのような真理を直感したのであろうか。

その真理は、アーラーラ・カーラーマ仙人やウッダカ・ラーマプッタ仙人たちの瞑想の道を否定し、今や苦行をも否定する、そのなかから見出《みいだ》されたものである。

すなわち、ゴータマ・ブッダは、約百年前に中インドの、ゴータマ・ブッダが後に活躍した地域と重なる地域で大いに活躍したヤージュニャヴァルキヤの説を承《う》け、当時の出家たちのあいだで常識となっていた輪廻のメカニズムの図式、その裏返しである解脱のメカニズムの図式に、致命的な不備があることに気がついたのである。

ここにゴータマ・ブッダの天才的な発見があった。

すなわち、輪廻の究極の原因は今まで欲望であるとされていたが、そうではなく、その欲望を引き起こすさらに根元的なものがまだ奥に控えている、それは、ふつうの人間が自覚すらできず、したがって、ほとんど抑制不能な根本的な生存欲であると、ゴータマ・ブッダは見たのである。

そして、その根本的な生存欲を「渇愛《かつあい》」（タンハー、盲目的な生の衝動）とか、「癡《ち》」（モーハ、迷妄、音写で「莫迦《まくか》」→「ばくか」→「ばか」→「馬鹿」）とか、「無明《むみよう》」（アヴィッジャー、根本的な無知）とかと呼んだのである。自覚できないから癡であり無明であり、抑制できないから渇愛なのである。

（昔、ほぼこのような意味で「無明」を理解していた木村泰賢博士にたいして、論理実証主義哲学を当時強く意識していた和辻哲郎博士が、宇井伯寿博士の論考を背景にして強く異議を唱え、「無明」は「明（＝智慧《ちえ》）」をたんに論理的に否定した概念にすぎないと主張した。ここに無明論争が起こったのであるが、この論争は、木村博士の急逝によって終わりを迎え、「何となく」和辻説が正しいとされ、今日も「何となく」それが継承されているようである。しかし、少なくともゴータマ・ブッダが説く「無明」が、そのような純粋論理的な概念ではまったくないことは、わたくしには明白そのものでしかないように思われる。）

ゴータマ・ブッダは、煩悩《ぼんのう》（苦しみをもたらす心的要素）を総括して、貪瞋癡《とんじんち》（の三毒）にまとめた。この三者は同列に並ぶのではなく、同列に並ぶ貪と瞋とを引き起こす根元として癡があるという構造になっている。つまり、ゴータマ・ブッダは、輪廻のメカニズムの根元に根本的な生存欲を置き、欲望を貪（求める欲望）と瞋（避ける欲望）とで代表させたのである。

これを図示すれば、つぎのようになる。

根本的な生存欲（渇愛、癡、無明）
↓
欲望（貪と瞋）
↓
善悪の業
↓
輪廻（苦）

この新たなメカニズムを発見したことにより、ゴータマ・ブッダは、アーラーラ・カーラーマ仙人やウッダカ・ラーマプッタ仙人たちの瞑想の道も、そして苦行も、なぜ最終的な心の平安（涅槃、寂静）をもたらさないかが得心できたのである。すなわち、そうした旧来の修行法は、ただひたすら派生的な欲望を標的とするばかりで、欲望のよって起こってくる根元を叩くものではないということである。

### 智慧の発見

では、欲望のよって起こってくる根元である根本的な生存欲を滅ぼすにはどうしたらよいのか。それは、ふつうの人間には自覚できないことをはっきりと自覚すること、根本的に無知だった状態から最終的に脱出することである。これを可能にするものこそが、無自覚、無知の対極にある智慧《ちえ》であると、ゴータマ・ブッダは見てとったのである。

新たな解脱のメカニズムを図示すると、つぎのようになる。

根本的な生存欲の滅
↓
欲望の滅
↓
善悪の業の滅
↓
輪廻（苦）の滅（＝解脱）

この根本的な生存欲の滅を達成するには、完全な智慧を獲得する必要がある。そのためには、みずからの実存である輪廻的な生存のありかたにまつわるすべての経験的な事実を徹底的に観察し、考察しつくさなければならない。「如実知見《にょじっちけん》」こそが智慧なのである。

そのための修行法は、瞑想の道以外にはない。ただし、もちろん、その瞑想は、アーラーラ・カーラーマ仙人やウッダカ・ラーマプッタ仙人たちが追い求めていたような、「思考停止を目指す瞑想」ではなく、「徹底的に思考する瞑想」でなければならない。

今まで誰も気がつかなかった輪廻の究極的な原因はわかった、そして、それを滅ぼすものもわかった、さらに、それを滅ぼす方法もわかった、と、この確信を得たとき、ゴータマ・ブッダは苦行を捨てる決断を下したのである。

つまり、ゴータマ・ブッダは、苦楽中道こそ、最終的な心の平安にいたる本道であると自覚したとき、すでに右のような大発見をしていたのである。そして、さらに別に確信を得た新たな修行方法である「徹底的に思考する瞑想」に入った。やみくもに菩提樹の下に坐《すわ》って瞑想に入ったのではなく、きわめてはっきりとした成算があったからこそそうしたのである。だからこそ、ゴータマ・ブッダは、驚くほど速やかに、目覚めた人、ブッダになることができたということになる。

## 十二因縁と四聖諦

パーリ律蔵の「マハーヴァッガ」には、ゴータマ・ブッダは、成道にさいして、無明からはじまり老死にいたる十二因縁を順逆に観じたとある。ゴータマ・ブッダが、無明という根本的な生存欲にはじまり、老死という、輪廻的な生存の本質である苦に終わる因果関係の鎖を、徹底的に観察し、考察しつくしたことは、右のわたくしの考察からして、もはや疑いえない。

（ゴータマ・ブッダが十二因縁を成道にさいして順逆に観じたという『マハーヴァッガ』の記述は後世の仏教徒による付加であるとする見解が仏教学者のあいだでは強いようであるが、そう考えるほうがおかしいということについては、あとで論ずる。）

また、初転法輪《しょてんぼうりん》（最初の説法）における教えは四聖諦《ししょうたい》（苦聖諦《くしょうたい》・苦集聖諦《くじゅうしょうたい》・苦滅聖諦《くめつしょうたい》・苦《く》滅道聖諦《めつどうしょうたい》）の教えだという伝承があるが、それもまずまちがいなく事実なのであろう。なぜなら、苦聖諦は、輪廻的な生存が本質的に苦であることをいっており、苦集聖諦は、苦の原因は根本的な生存欲であることをいっており、苦滅聖諦は、根本的な生存欲を滅ぼせば苦が滅びることをいっており、苦滅道聖諦は、そうする方法があることをいっており、これらは、内容的に、右にわたくしが述べてきた、ゴータマ・ブッダによる偉大な発見に直結しているからである。

## 五　成道の過程

## ゴータマ・ブッダの見出した真理

ゴータマ・ブッダは、真理（法）を突如として見出して、目覚めた人、ブッダになったのではない。

（本書を読み通していただければ疑問の余地なくわかるとわたくしは確信しているが、宇宙の真理と合一したというのが「さとり体験」だとする、何か世間に広まってしまっている独りよがりの神秘主義的な理解は、およそ荒唐にして無稽であり、とてもまともなものとは思えない。古い仏典をきちんと読んだことがない人ほど、天からいきなり降ってきた閃《ひらめ》きが悟りだなどと、無責任なことをいいたがるようである。）

アーラーラ・カーラーマ仙人やウッダカ・ラーマプッタ仙人たちの瞑想の道に疑問をもってそれを捨て、苦行の道に入って激しくそれを行じているうちに苦行にたいする根本的な疑問を抱きはじめたとき、ゴータマ・ブッダは、すでに真理を、顕《あら》わではないながら直感していた。その直感が確信となったとき、ゴータマ・ブッダは苦行を捨て、独自に考案した新たなかたちの瞑想に入った。そして、その真理が揺るぎないものとして自覚され、骨の髄まで浸透して完全な智慧が生じ、すべての迷いや疑念が消え去ったとき、ゴータマ・ブッダは、目覚めた人、ブッダになったのである。

パーリ律蔵の『マハーヴァッガ』によれば、成道のさい、生きていることにつきまとう苦・憂い・悲嘆をもたらすものは何か、またどうすれば苦などを最終的になくすことができるかについての真相が顕わに見えた、それが骨の髄まで浸透した、そしてすべての疑念が晴れたということを、ゴータマ・ブッダは、つぎのような最初の目覚めより七日後の夜の、初夜、中夜、後夜《ごや》に十二因縁を順逆に観じ、そのたびにそうした心境を感興のことば〔ウダーナ〕で語っている。

〔初夜の感興の詩〕

「努力して瞑想しているバラモン〔清らかな修行者である私〕に〔自らの苦の生存にまつわる〕すべての事象〔複数形のダンマ、つまり十二因縁の十二項目〕が顕わになったとき、その人〔つまり私〕は、すべての事象は原因があって生ずるということを知ったので、その人〔つまり私〕の疑念はすべて消え去る。」＝十二因縁の順観に間違いはないと確信したということ。

〔中夜の感興の詩〕

「努力して瞑想しているバラモン〔私〕に〔自らの苦の生存にまつわる〕すべての事象が顕わになったとき、その人〔私〕は、すべての事象は原因の滅によって滅することを知ったので、その人〔私〕の疑念はすべて消え去る。」＝十二因縁の逆観に間違いはないと確信したということ。

〔後夜の感興の詩〕

「努力して瞑想しているバラモン（私）に〔自らの苦の生存にまつわる〕すべての事象が顕わになったとき、その人（私）は、太陽があたかも天空を隈《くま》なく照らすかのように、悪魔の軍勢を撃ち破って立つのだ。」＝十二因縁の順観・逆観どちらも間違いなし、一点の疑念もきれいさっぱりなくなったとの最終的な確信を得たということ。＝降魔成道《ごうまじょうどう》ここに成る。

この感興のことばはあまりにも有名であるが、じつは、多くの仏教学者や仏教神学者たちが、ここに神秘主義的な解釈を盛り込もうとやっきになってきた。しかし、すでに明らかなように、わたくしがたどってきた話の道筋から、いかなる神秘主義的、あるいは非合理主義的な解釈も出てくる余地はないように思われる。

（玉城康四郎博士は、禅定こそが仏となる唯一の道であるとして、みずから禅定に打ち込み、そこから得られた「禅定体験」を絶対的といってもよいほど重視した。その玉城博士は、右の最初の感興のことばを、「形無き純粋生命が全人格的思惟を営みつつある主体者に顕わになるとき、初めて人間自体の根本転換、すなわち目覚めが実現する」などと訳している。

玉城博士を慕ってやまない学者の数は少なくなく、「形無き純粋生命」うんぬん的な解釈を広めてきた。しかし、最晩年の玉城博士は、身近な人々に、自分がやってきた修行方法ないし仏教解釈には重大な誤りがあったと述懐していたという。その述懐の内容は、論文や随想や著作のかたちで公刊されてはいないようである。したがって、わたくしとしてもそれ以上知りようがないが、ともあれ、禅定体験主義でゴータマ・ブッダの考え、ことばを理解しようとすると、大きく道を踏み間違える危険があるということである。）

ゴータマ・ブッダが発見した真理の核心は、苦である輪廻的な生存を引き起こす究極の原因は根本的な生存欲であり、それを滅ぼすものは智慧（如実知見）であり、そのためには、輪廻的な生存にまつわるあらゆる経験的な事実が構成している因果関係の鎖を徹底的に観察、考察しなければならない、というものである。

これは、ゴータマ・ブッダ以前、誰も気がつかなかった真理であり、これこそゴータマ・ブッダがはじめて発見したものであり、ここにこそ、ゴータマ・ブッダの本当の独創性がある。仏教は、この独創性を根拠にして開かれたものである。

この独創性をじかに表現したものが十二因縁観と四聖諦説であり、それに教育的な配慮が加わって出来上がったのが、戒定慧《かいじょうえ》の三学という仏教独自の修行体系である。

そして、この独創性を補完するものが無常観であり、その無常観をさらに補完するものが非我観である。

これに、経験的に知られる事実のみを直視すべしというゴータマ・ブッダの基本姿勢である経験論が加わり、形而上学的な問題への関与の拒否（十難無記《じゅうなんむき》）が出てくる。おおよそこれで、最初期の仏教は骨太の体系を完成したのである。

よって、ゴータマ・ブッダの頭の中には体系的な教説がなかったとか、仏教の体系はゴータマ・ブッダ以降の仏教徒が創り上げたものだとかという、意外に多くの仏教学者が主張することには、信頼すべき根拠がないとわたくしは考える。

つまり、仏教が、時代と地域における思想状況を背景としつつ、しかもなおゴータマ・ブッダの発見になる圧倒的な独創性を土台とし、完璧《かんぺき》ともいうべき論理構造を持つ倫理体系をもって出発したことが、明快に推察されるのである。

## 〔付〕成道後のブッダの瞑想とは何か

成道（修行の完成）にいたる唯一の正しい修行方法は、徹底思考を旨とする瞑想《めいそう》であることは、すでに十分に明らかになった。

ところが、ゴータマ・ブッダは、成道以降にも、享年八十で般涅槃《はつねはん》（老と病からの苦を免れない身体という制約を受けなくなった完全な平安の境地）に入るまで、しばしば瞑想に打ち込んだ。

ここから、たとえばわが国に曹洞禅《そうとうぜん》を伝え、本覚論《ほんがくろん》の上に立って「修証一等《しゆしょういっとう》」を唱えた道元禅師は、まさにそれゆえに、ゴータマ・ブッダは生涯を終えるまで修行を継続したと解釈した。これはこれで内的な一貫性があるので、また本書はそういう趣旨のものではないので、道元禅師の考えをここで批判してみても不毛な話である。

しかし、度し難いヒューマニズム（人間中心主義）に染まって「人間ブッダ」を思い描く人々はこういいたがる。すなわち、ゴータマ・ブッダも、われわれ凡夫《ぼんぶ》と本質的に変わりのない「人間」であったから、成道の後にも、思わず知らず湧いてくるおのれの煩悩（これを擬人化したものが「悪魔」だという）と格闘しつづけたのだ、と。そしてその証拠に、ゴータマ・ブッダは般涅槃にいたるまで瞑想による修行をやめることはなかった、と。「悪魔」がおのれの煩悩を擬人化したものだという考えが間違いだということは、すでに本書第一章第三節で述べたので、ここでその問題は繰り返さない。

さて、では、修行を完成したからこそ（まただからこそ「なすべきことはなしおえた」と述懐したのであるが）、成道にいたり、目覚めた人ブッダとなったはずのゴータマ・ブッダが行いつづけた瞑想とは、いかなる内容のものだったのであろうか。

それを窺《うかが》い知る興味深い記述が、『マハーパリニッバーナ・スッタンタ（パーリ涅槃経）』に見られる。それは、臨終で意識を失っているゴータマ・ブッダについてのつぎの記述である。

「ここで尊師は初禅（第一段階の瞑想）に入られた。初禅から起《た》って、第二禅に入られた。第二禅から起って、第三禅に入られた。第三禅から起って、第四禅に入られた。第四禅から起って、空無辺処定に入られた。空無辺処定から起って、識無辺処定に入られた。識無辺処定から起って、無所有処定に入られた。無所有処定から起って、非想非非想定に入られた。非想非非想定から起って、滅想受定に入られた。

そのとき若き人アーナンダは尊者アヌルッダにこう言った。

『尊い方、アヌルッダよ、尊師はニルヴァーナに入られました』

『友、アーナンダよ、尊師はニルヴァーナに入られたのではありません。滅想受定に入られたのです』

そこで尊師は滅想受定から起って、非想非非想定に入られた。非想非非想定から起って、無所有処定に入られた。無所有処定から起って、識無辺処定に入られた。識無辺処定から起って、空無辺処定に入られた。空無辺処定から起って、第四禅に入られた。第四禅から起って、第三禅に入られた。第三禅から起って、第二禅に入られた。第二禅から起って、初禅に入られた。初禅から起って、第二禅に入られた。第二禅から起って、第三禅に入られた。第三禅から起って、第四禅に入られた。第四禅から起って、尊師はただちに完きニルヴァーナに入られた。

尊師がお亡くなりになったとき、入滅とともに大地震が起った。人々は恐怖して、身の毛が逆立ち、また天の鼓(=雷鳴)が鳴った」

(中村元訳『ブッダ 最後の旅 大パリニッバーナ経』岩波文庫にもとづく)


さまざまな瞑想の段階のうち、初禅から第四禅までは、のちにいわゆる色界《しきかい》の四禅《しぜん》であり、これは、徹底的に観察、考察を行う瞑想である。空無辺処定から非想非非想処定までは、のちにいわゆる四無色定《しむしきじょう》であり、これは、いわゆる思考（感情も）停止の瞑想の境地である。滅想受定というのは、のちにいう滅尽定《めつじんじょう》に相当し、完璧ないわゆる無念無想の境地のことである。

もちろん、こうした瞑想の段階を経巡《へめぐ》っていることを、臨終のゴータマ・ブッダが弟子たちに語ったわけではない。それは、弟子たちがそう解釈したということである。

ちなみに、四無色定のうち、無所有処定は、ゴータマ・ブッダがかつて出家となって間もなく、アーラーラ・カーラーマ仙人のもとで修得したものであり、非想非非想処定は、そのつぎにウッダカ・ラーマプッタ仙人のもとで修得したものである。

ここから、つぎのような解釈が可能となる。

すなわち、ゴータマ・ブッダは、成道ののち、その成道の内容を再確認するために四禅を修し、身心を安楽にしていわば静かに休憩を愉《たの》しむために四無色定を修した、と。

四禅を繰り返し修したのは、ゴータマ・ブッダが、みずからが教師であることを深く自覚していたからにほかならないと見てよいであろう。

ただし、成道でゴータマ・ブッダは修行を完成しているのであるから、修行のために瞑想を修する必要はまったくなかった。そして、思考型の瞑想と思考停止型の瞑想との間を、常日頃、自在に出入りしていることを、ゴータマ・ブッダは、折に触れ、弟子たちに語ったのである。だからこそ、ゴータマ・ブッダの臨終にさいして、弟子たちは右の引用のようなことに思いがいたったのである。

こう見てくると、修行の完成を目指す修行者が修すべき瞑想は徹底思考型の四禅以外にはなく、思考停止型の四無色定を修するのは、修行をすでに完成し、ゴータマ・ブッダのように究極の平安（涅槃）にいたった人にだけ意味のあることだったのである。いいかえれば、四無色定に自在に出入りするというのは、修行完成者にのみ許された特権的な瞑想だったということである。

# 第三章　全知者ゴータマ・ブッダの「知」

## 一　形而上学的な議論への批判

### 議論をしない問答

ゴータマ・ブッダは、成道《じょうどう》から入滅にいたるまで、四十五年の長きにわたって教えを説いた。しかし、ゴータマ・ブッダは、甲論乙駁《こうろんおつばく》の議論（それが、いわゆるディスカッションであれディベートであれ）にまったく関わることがなかった。

第一章でも述べたように、保守的なバラモンたちを中心に、出家という、いわば無為徒食の反社会的な存在を苦々《にがにが》しく思っている人たちはたくさんいた。ゴータマ・ブッダも、そういう人たちから非難のことばを投げかけられることがあった。まるで喧嘩《けんか》をふっかけられるような事態にあっても、ゴータマ・ブッダは、けっして、自分が正しく、相手がまちがっていることを、甲論乙駁というかたちの議論によって論証しようとすることはなかった。

たとえば、『スッタニパータ』には、農耕に従事する、バーラドヴァージャという名のバラモンから、ゴータマ・ブッダが仕事をしないでいることを揶揄《やゆ》されたときの記述がある。

「わたくしが聞いたところによると、──あるとき尊き師（ブッダ）はマガダ国の南山にある『一つの茅《かや》』というバラモン村におられた。そのとき田を耕すバラモン・バーラドヴァージャは、種子を播《ま》くときに五百挺《ちょう》の鋤《すき》を牛に結びつけた。

そのとき師（ブッダ）は朝早く内衣《ないえ》を着け、鉢と上衣とをたずさえて、田を耕すバラモン・バーラドヴァージャが仕事をしているところへ赴かれた。ところでそのときに田を耕すバラモン・バーラドヴァージャは食物を配給していた。

そこで師は食物を配給しているところに近づいて、傍らに立たれた。田を耕すバラモン・バーラドヴァージャは、師が食を受けるために立っているのを見た。そこで師に告げていった。

『道の人よ。わたしは耕して種を播く。耕して種を播いたあとで食う。あなたも耕せ、また種を播け。耕して種を播いたあとで食え』と。

（師は答えた）、『バラモンよ。わたくしもまた耕して種を播く。耕して種を播いてから食う』と。

（バラモンがいった）、『しかしわれらは、ゴータマさん（ブッダ）の軛《くびき》も鋤も鋤先も突棒《つきぼう》も牛も見ない。それなのにゴータマさんは〈バラモンよ。わたしもまた耕して種を播く。耕して種を播いてから食う〉という』と。

そこで田を耕すバラモン・バーラドヴァージャは詩をもって師に呼びかけた。

七六『あなたは農夫であるとみずから称しておられますが、われらはあなたが耕作するのを見たことがない。おたずねします、……あなたが耕作するということを、われらが了解し得るように話してください』

七七（師は答えた）、『わたしにとっては、信仰が種子である。苦行が雨である。智慧がわが軛と鋤とである。慚《はじること》が鋤棒である。心が縛る縄である。気を落ちつけることがわが鋤先と突棒とである。

七八　身をつつしみ、ことばをつつしみ、食物を節して過食しない。わたくしは真実をまもることを草刈りとしている。柔和がわたくしにとって〔牛の〕軛を離すことである。

七九　努力がわが〈軛をかけた牛〉であり、安穏の境地に運んでくれる。退くことなくなく進み、そこに至ったならば、憂えることがない。
八〇　この耕作はこのようになされ、甘露の果実《みのり》をもたらす。この耕作を行なったならば、あらゆる苦悩から解き放たれる』

そのとき田を耕すバラモン・バーラドヴァージャは、大きな青銅の鉢に乳粥を盛って、師（ブッダ）にささげた。……『ゴータマさまは乳粥をめしあがれ。あなたは耕作者です。ゴータマさまは甘露の果実《みのり》をもたらす耕作をなさるのですから』

このように、ゴータマ・ブッダは、いかなる場面においても、けっして話を議論へと展開することはなかった。じっさいのところ、ゴータマ・ブッダの説法には他に比類のない説得力があったから、いかなる敵意を持った者でも、ただちに納得するか、あるいは退散するのみか、そのいずれかであった。古い仏典には、ゴータマ・ブッダの説法に関しては、そのような問答しか記録されていない。

それは、後世の仏教徒たちの何らかの意図があってそのような記録しか残されなかったというようなことではない。

じつは、ゴータマ・ブッダの、議論にたいする確固とした信念によるところなのである。

## 議論への批判

ゴータマ・ブッダは、『スッタニパータ』のなかで、ディスカッションであれディベートであれ、ともあれ「議論」というものがいかに愚かであり、空しく、不毛であるかを、きわめて強い口調で語っている。それはつぎのごとくである。

「八七八（世の学者たちは）めいめいの見解に固執して、互いに異った執見をいだいて争い、（みずから真理への）熟達者であると称して、さまざまに論ずる。――『このように知る人は真理を知っている。これを非難する人はまだ不完全な人である』と。

八七九　かれらはこのように異った執見をいだいて論争し、『論敵は愚者であって、真理に達した人ではない』と言う。これらの人々はみな『自分こそ真理に達した人である』と語っているが、これらのうちで、どの説が真実なのであろうか？

八八〇　もしも論敵の教えを承認しない人が愚者であって、低級な者であり、智慧の劣った者であるならば、これらの人々はすべて（各自の）偏見を固執しているのであるから、かれらはすべて愚者であり、ごく智慧の劣った者であるということになる。

八八一　またもしも自分の見解によって清らかとなり、自分の見解によって、真理に達した人、聡明な人となるのであるならば、かれらのうちには知性のない者はだれもいないことになる。かれらの見解は（その点で）等しく完全であるからである。

八八二　諸々の愚者が相互に他人に対して言うことばを聞いて、わたくしは『これは真実である』とは説かない。かれらは各自の見解を真実であるとみなしたのだ。それ故にかれらは他人を『愚者』であると決めつけるのである。

八八三　或る人々が『真理である、真実である』と言うところのその（見解）をば、他の人々が『虚偽である、虚妄である』と言う。このようにかれらは異った執見をいだいて論争をする。何故に諸々の〈道の人〉は同一の事を語らないのであろうか？

八八四　真理は一つであって、第二のものは存在しない。その（真理）を知った人は、争うことがない。かれらはめいめい異った真理をほめたたえている。それ故に諸々の〈道の人〉は同一の事を語らないのである」

最後の詩節がいわんとしていることは、真理は複数ある、ということではけっしてない。ここに誤解があってはならない。

真理は一つである。しかし、真理をどのようにしてどう知り、それをどう表現するかは、真理を知った人それぞれに固有のものがある。真理を本当に知った人は、それだけで十分であり、「他人の真理」にとやかく口出しをすることはない。

あとでも述べることになるが、ゴータマ・ブッダは、観察、考察の対象を、みずからの実存にまつわる経験的な事実のみに限定している。ゴータマ・ブッダにしてみれば、実存的に知られた真理は、あくまでもその実存にとってのただ一つの真理であり、他人からとやかくいわれて反駁しなければならないものではないし、別の人が真理と確信して語っていることを論駁しなければならないようなものでもない。真理は一つであって、第二のものは存在しないという確信に安住し、真理を知った人は争うことをしないのである、という意味である。

論争へと導く要因

ここからわかるように、一部の仏教学者が、『スッタニパータ』はジャイナ教と同じ相対主義を説いているので、拠《よ》るべき仏典としてふさわしくないといっていることは、的を射ていない。真理は相対的なものではなく、絶対的なものである、ただ、真理を知った人は、論争に与《くみ》することがない、ということがここでは肝心である。

『スッタニパータ』には、真理を知った人が与しない論争へと人を導く要因を、因果の鎖のようなかたちで示している個所がある。（ちなみに、注目すべきことに、この重要部分は、十二因縁に挙げられる項目とよく一致している。)

それはつぎのごとくである。

「八六三　争闘と争論と悲しみと憂いと慳《ものおし》みと慢心と傲慢と悪口とは愛し好むものにもとづいて起る。争闘と争論とは慳みに伴い、争論が生じたときに、悪口が起る。」

「八六五　世の中で愛し好むもの及び世の中にはびこる貪りは、欲望にもとづいて起る。また人が来世に関していだく希望とその成就とは、それにもとづいて起る。」

「八六七　世の中で〈快〉〈不快〉と称するものに依って、欲望が起る。諸々の物質的存在には生起と消滅とのあることを見て、世の中の人は（外的な事物にとらわれた）断定を下す。

八六八　怒りと虚言と疑惑、――これらのことがらも、（快と不快との）二つがあるときに現われる。疑惑ある人は知識の道に学べ。〈道の人〉は、知って、諸々のことがらを説いたのである。」

「八七〇　快と不快とは、感官による接触にもとづいて起る。感官による接触が存在しないときには、これらのものも起らない。生起と消滅ということの意義と、それの起るもととなっているもの（感官による接触）を、われは汝に告げる。」

「八七二　名称と形態とに依って感官による接触が起る。諸々の所有欲は欲求を縁として起る。欲求がないときには、〈わがもの〉という我執も存在しない。形態が消滅したときには〈感官による接触〉ははたらかない。」

「八七四　ありのままに想う者でもなく、誤って想う者でもなく、想いなき者でもなく、想いを消滅した者でもない。――このように理解した者の形態は消滅する。けだしひろがりの意識は、想いにもとづいて起るからである。」

「八七六　この世において或る賢者たちは、『霊の最上の清浄の境地はこれだけのものである』と語る。またかれらのうちの或る人々は断滅を説き、（精神も肉体も）残りなく消滅することのうちに〈最上の清浄の境地がある〉と、巧みに語っている。

八七七　かの聖者は、『これらの偏見はこだわりがある』と知って、諸々のこだわりを熟考し、知った上で、解脱せる人は論争におもむかない。思慮ある聖者は種々なる変化的生存を受けることがない。」

「ありのままに想う者でもなく」うんぬんという一節は、六師外道《ろくしげどう》の一人、サンジャヤの、いわゆる「鰻論法《うなぎ》」を想起させる。サンジャヤの説は、判断中止（エポケー）によってさまざまな臆見《おくけん》からまぬがれて心の平安にいたろうとするもので、近現代の学者によって、一般に不可知論と呼ばれている。

たしかに、ゴータマ・ブッダには、一見するとサンジャヤと深く共通する立場をとっているかに思われる節がある。これは確かにそうなのであるが、ゴータマ・ブッダがサンジャヤと決定的に異なる点を見落とすことは許されない。それは、ここでも見られるように、ゴータマ・ブッダは、サンジャヤとはちがい、いかなる理由で賢者は論争に与しないのかということを、経験的に知られる事実が織りなす因果の鎖をもって解き明かしている。

したがって、おそらくゴータマ・ブッダは、サンジャヤの説を参照しつつも、それを換骨奪胎してみずからのものとしたのである。ゴータマ・ブッダは、判断を中止することはなかった。説いて説いて説きまくったすえに、論争への関与がいかに愚かなことであるかという結論を提示しているのである。したがって、ゴータマ・ブッダの説(の一部)は不可知論であるということは、『スッタニパータ』をはじめとする最初期の仏典をきちんと読んでいない証左にほかならない。

かくいうわたくしも、以前、先人たちが口をそろえて仏教学の常識のようにいうのにひきずられて、ゴータマ・ブッダは、形而上学的な問題については不可知論の立場を貫いた、という趣旨のことを何回か書いたことがある。

しかし、それはほとんど間違いといってよいほど不正確であった。今では、この問題は、不可知論という誤解を招く観点からではなく、ゴータマ・ブッダが経験論に徹していたという観点から見るべきであると、わたくしは考えている。

十難無記（形而上学的問題への沈黙）

ゴータマ・ブッダは、ある種の質問には沈黙して答えなかったという。これを一般に、無記とか捨置答《しゃちとう》という。そのなかでも十難無記《じゅうなんむき》というのが有名である。それは、つぎのような十の質問に、ゴータマ・ブッダは沈黙して答えなかったというものである。

一、世界は時間的に有限であるか。
二、世界は時間的に無限であるか。
三、世界は空間的に有限であるか。
四、世界は空間的に無限であるか。
五、身体と自己とは同じであるか。
六、身体と自己とは別ものであるか。
七、ご健勝なるお方（タターガタ、如来）は死後にも存続するか。
八、ご健勝なるお方は死後には存続しないか。

九、ご健勝なるお方は死後に存続しかつ存続しないか。
十、ご健勝なるお方は死後に存続するでもなく存続しないでもないか。

さて、『箭喩経《せんゆきょう》』によれば、哲学議論好きの青年修行者マールンキヤプッタは、そうした十の質問にゴータマ・ブッダが答えず沈黙を守ったことに不満を憶《おぼ》え、師ゴータマ・ブッダにそれを訴えたところ、ゴータマ・ブッダはつぎのような趣旨のことを答えている。

すなわち、たとえば毒矢に射られた人がいるとしよう。そして、親族がその人を助けようとする。しかしもしその人が、この矢を射たのは誰か、この矢の材料は何か、などなど、これらすべてが判明するまでは矢を抜いてはならぬといったならば、その人はけっして助からないであろう。

四聖諦《ししょうたい》など、すでにそれによって修行を完成し、目覚めにいたり、究極の心の平安（涅《ね》槃《はん》、寂静《じゃくじょう》）にいたる道を自分は説いた。その道に迷わず進むことが修行の本道である、と。

いいかえれば、なすべきことは、すでにゴータマ・ブッダが示した道にしたがって修行に邁進《まいしん》し、煩悩《ぼんのう》という毒矢をただちに抜こうと懸命に努力することである。それと同じことで、果てることのない哲学的な水掛け論争に時間を費やすという愚を犯すことなく、修行に専念せよ、ということである。

一般には、この話は、よく、理屈、理論よりも、実践、修行が大切であることを説いたものだと解釈されることがある。

まるで当たっていないというわけでもないのであるが、しかし、この解釈は、いささか危うい面も併せ持っている。というのは、そうした解釈は、理論を極端に軽視する傾向を生み出しかねないからである。

ゴータマ・ブッダは、理論を軽視しなかった。それどころか、むしろ、理屈をよく理解し、頭にしっかりと刻みこむことなしに、正しい修行は不可能だと、弟子たちに折りに触れて力説している。（あとで紹介する八聖道《はっしょうどう》を見ればよくわかる。）ゴータマ・ブッダが不可としたのは、経験的な事実に即しない果てしない水掛け論争、理屈のための理屈にかかずらうことであった。

## ゴータマ・ブッダの経験論の根拠

仏教よりも広い視点からいわせてもらうと、インドには「ヴィヤヴァハーラ」ということばがある。これには、「世俗」「言説《ごんぜつ》」などの漢訳語が当てられているが、通インド的な文脈でいえば、それは、「観念（知識）と言語」を意味する。

西暦紀元前二世紀半ばに、ヒンドゥー教の側ではじめて本格的な哲学体系を樹立したヴアイシェーシカ学派（ヒンドゥー教系）は、知られるものと言語表現されるものとはみな実在であり、逆に、知られないもの、言語表現されないものなど何もないという、高度に形而上学的な実在論（よくいわれるような「自然哲学」ではまったくない）を展開した。

つまり、世界は観念と言語によってのみ成り立っているということである。観念と言語を貫くもっとも本質的なものは論理（および論理）であるから、ここからただちに、インドでいう「ヴィヤヴァハーラ」というのは、ほかならぬ『論理哲学論考』でウィトゲンシュタインがいう「論理空間」と相同であることがわかる。

ウィトゲンシュタインは、論理空間は事態の集まりであり、その事態は、現実的な事態（＝事実）と可能的な事態とからなるといっている。

ひるがえって、インドの哲学思想界における議論でもっとも重視されるのは、ものごとの因果関係である。ゴータマ・ブッダもその例外ではなく、いやそれどころか因果関係追究の鬼のような人だったといっても過言でない。

ゴータマ・ブッダが関心を集中したのは、現実的にわれわれの身心を苛《さいな》む輪廻《りんね》的な生存という苦しみが、何を原因として生じ、またどうすればそれから最終的に脱却できるかということであった。

つまり、ゴータマ・ブッダは、本質論的（形而上学的）にではなく、いわゆる実存的な地平で因果関係を追究したのである。すると、いわゆる実存的な地平で因果関係を確認することができるのは、経験的に知られる事実のあいだにおいてのみだということは、自明のこととなる。

こうして、ゴータマ・ブッダは、論理空間（ヴィヤヴァハーラ）から、可能的でしか当面はないと考えられる事態を排除し、現実的な事態（＝事実）のみを残したのである。こうした立場のことを、ふつう、経験論という。

そこで、ゴータマ・ブッダは、経験的な事実を出発点としない、いわゆる形而上学的な哲学議論への関与を拒否し、弟子たちにも強く戒めた。

## 認識論における経験論としての現象主義

経験論を認識論の場に持ち込むと、ここに現象主義的な認識論が生ずる。カントもこの立場をとるので、この点、ゴータマ・ブッダの認識論と、基礎の部分において大いに共通するところがでてくる。

西洋哲学はイオニアの地で活躍した自然哲学者タレス（ミレトス学派の開祖。西暦紀元前六世紀）に始まるとされるが、西洋哲学の本格的な基本型を打ち出した最初の人はエレア学派の開祖とされる前五世紀のパルメニデスである。かれは、本当のもの（本体）は不変・不滅・不動であるとする「有《う》の哲学」を編み出した。その弟子ゼノンは巧みないくつものパラドックスにより、ものごとの変化・生滅・運動を捉える感覚・知覚・経験は人を仮象・現象という迷妄に導くものでしかなく、ものごとの本質・本体の把捉に人を導くものは思考のみであることを主張した。本体としてのイデアと仮象としての感覚世界の対比を強調したプラトンはパルメニデスの延長上に位置する。十七世紀のデカルトはあらゆることがらを疑い、そして感覚・知覚・経験による知はいくらでも疑い得ること、そして、そうして疑っていること自体は疑い得ないものだとし、「われ考える、ゆえにわれあり」としたが、これもパルメニデスが大きく張った網の中の小事でしかない。「本体―仮象現象」発想の中で感覚・知覚・経験を軽視ないし無視し、思考のみ、つまり経験の裏づけのないという意味での純粋な理性のみが哲学では重要だとされたのである。

十七世紀にイギリスで経験論が擡頭《たいとう》してきたことを承《う》け、十八世紀ドイツの哲学者カントは、感覚・知覚・経験こそがすべての知識の源泉であるという立場を表明し、自らの試みを、天動説から地動説へと大転回した天文学者コペルニクスの偉業になぞらえ、自らの行いを（西洋）哲学史上におけるコペルニクス的転回と称した。

インド哲学史では、感覚・知覚・経験がすべての知識の源泉であるということはブッダ以前から自明のこととされた。インド哲学史研究に長年携わってきたわたくしには、西洋哲学史はようやくカントになってかなりまともになったという感を否めない。『純粋理性批判』のなかで、カントは、理性の暴走を防ぐため、議論してはならない自家《じか》撞着《どうちゃく》的に対になっている命題（二律背反）を列挙し、議論の対象からあらかじめはずしている。その列挙された二律背反の最初が、世界に始まりがある、始まりがないというものである。まさにこれは、ゴータマ・ブッダが沈黙して答えなかった十難無記の最初の二つの質問と同じである。（ただ、わたくしは、カントが二律背反だとして列挙する対《つい》命題は、少しも互いに背反するものだと考えないが。）

と、それはさておき、仏教の認識論では知覚が決定的に重視されるが、知覚という認識を構成する基盤、要素を、それぞれ十二処（六入と六境）、十八界（六入と六境と六識）として立てる。これは、ゴータマ・ブッダその人に源を発する、仏教では古い伝統に立つものである。それを表にすれば、つぎのようになる。（「入」は感官、「境」は対象、「識」は知覚のこと。）

| 六入 | 六境 | 六識 |
|---|---|---|
| 眼《げん》（視覚器官） | 色《しき》（色かたち） | 眼識（視覚） |
| 耳《に》（聴覚器官） | 声《しょう》（音声） | 耳識（聴覚） |

| | | |
|---|---|---|
| 鼻（嗅覚器官） | 香 | 鼻識（嗅覚） |
| 舌（味覚器官） | 味 | 舌識（味覚） |
| 身（触覚器官） | 触《そく》（冷熱など） | 身識（触覚） |
| 意（思考器官） | 法（思考の対象） | 意識（内覚） |

この表のうち、最初のものでいえば、視覚の場合、視覚器官が捉《とら》える対象は色かたちである。たとえば、われわれの眼前に机があったとして、われわれの視覚器官が捉えるのは色かたちのみであり、その「基体」である実体、つまり「机」ではない。「これは机である」という判断は、もはや知覚の領域を超えている。と、このように仏教は伝統的に見るのである。

ただ、注意すべきなのは、後世の仏教徒たちは、こうしたことを根拠にして、「自己」をはじめとする実体概念の実在性を否定する。実体はわれわれの虚妄分別《こもうふんべつ》が捏造《ねつぞう》したものだというのであるが、ゴータマ・ブッダの経験論は、そうした考えに立たない、ということである。

つまり、ゴータマ・ブッダは、知覚できるものを知覚できると端的にいったまでのことで、知覚できないものは実在しないなどとは一言もいっていない。

右の知覚要素表には、仏教以外のほとんどの哲学派が知覚の成立要件として挙げている認識主体としての「自己（アートマン）」が挙げられていない。後世の仏教徒、たとえば『ミリンダ王の問い』に登場するナーガセーナ長老は、これを根拠に自己は存在しないという「無我説」を「理論的に」展開する。

ゴータマ・ブッダの経験論からすれば、知覚できないものが実在するかしないかという問題は、すでに経験論を踏み越えている。つまり、経験的な事実を出発点としない、いわゆる形而上学的な議論にほかならないのである。（拙書『インド哲学七つの難問』「第四問 無我説は成り立つか？」講談社選書メチエ、二〇〇二年を参照されたし。）

この点は、あとでも触れることになるが、とくに注意が必要である。

## 二　ゴータマ・ブッダの全知者性

### ウパカへのことば

梵天《ぼんてん》（宇宙創造神ブラフマー）の懇請《こんせい》を受け、ゴータマ・ブッダは教えを説く決意をした。

ゴータマ・ブッダは、最初に教えを説く相手として、まず、かつてそのもとで瞑想《めいそう》を修したことのあるアーラーラ・カーラーマ仙人のことを考えた。しかし、パーリ律蔵の『マハーヴァッガ』によれば天の声によってということになっているが、ともあれ、かの仙人は少し前に亡くなっていることを知った。つぎに、ウッダカ・ラーマプッタ仙人のことを考えたが、彼もまた、亡くなったばかりであることを知った。

そしてそれからゴータマ・ブッダは、かつての修行仲間である五比丘《びく》が、現在、当時最大の都市であるヴァーラーナシー（カーシー）の郊外にあり、出家修行者たちがたくさん集まっている所（イシパタナ、仙人堕処《せんにんだしょ》）、すなわち鹿野苑《ろくやおん》（ミガダーヤ、現在のサールナート）にいることを知り、その地を目指して出立した。

出立してまもなく、ゴータマ・ブッダは、アージーヴィカ教徒（六師外道《ろくしげどう》の一人マッカリ・ゴーサーラを開祖とし、厳しい戒律を守ることで当時よく知られていた）のウパカという人物と出会った。

ウパカは、ゴータマ・ブッダの清らかな様子を見て心が動かされ、「あなたは誰を師としておられるのか」と訊《たず》ねた。

『マハーヴァッガ』によれば、ゴータマ・ブッダは、つぎの詩節をもってこれに答えたという。

「わたくしはすべてに打ち勝った者であり、すべてを知る者であり、いかなるものごとにも汚されていない者であり、すべてを捨て去った者であり、渇愛を滅ぼして解脱している。みずからこのように知っているのであるから、誰に師事することがあろうか。

わたくしに教えを授けてくれる師はいない。わたくしに比せられる者は誰もいない。神々を含めた世間のなかで、わたくしに匹敵できる人物は誰もいない。

わたくしは世間で尊敬を受けるに値する者であり、最上の師である。わたくし独りが、正しく目覚めた者である。わたくしは清涼であり、最終的な心の平安に達した者である。

わたくしは、正しい教えの輪（法輪）を転ずるために、カーシーの都（ヴァーラーナシー、バナーラス）に赴くのである。盲闇《もうあん》の世間で、わたくしは甘露の鼓を撃《う》つもりである、と」

## 無師独悟

師につかないで独力で目覚めた人になった（無師独悟《むしどくご》）という点で、ゴータマ・ブッダは、仏教徒のなかではきわめて特異な存在なのである。インドで生まれた仏教は、インドの伝統に従い、師資相承《しししょうじょう》（グル・シシャ・パランパラー）を重視する。つまり、宗教であれ哲学であれ、師から弟子（資）へ、その弟子が師となってまたその弟子へと伝えられなければ、正しい教えは後代に伝わっていかない、という考えである。逆にいうと、誰かに師事して教えを親しく授かることなしに独力で考えついたことは、世間から信用されない可能性が高いということでもある。

この点でいえば、ゴータマ・ブッダは、のちに独覚《どっかく》（パッチェーカブッダ、プラティエーカブッダ、漢訳語で縁覚《えんがく》とも）と称せられる、誰をも師とせずに修行を完成させた修行者の範疇《はんちゅう》に入ることになる。ゴータマ・ブッダはブッダなのであるから、ブッダという師に教えを受けて修行する声聞《しょうもん》（サーヴァカ、シュラーヴァカ）でないことはいうまでもない。

ただ、独覚は、師なくして独力で目覚めた人になるが、誰にも教えを説くことなく朽ちて果てる者ということになっているので、もちろんながらこの点では、ゴータマ・ブッダはたんなる独覚ではない。ゴータマ・ブッダは、これからのち享年八十で般涅槃《はつねはん》（心からばかりか肉体という制限からも脱却した完全な平安の境地）に入る（入滅する）までの四十五年間、広く教えを説いてまわったのである。したがって、ゴータマ・ブッダは、独覚だとしても、やはりきわめて特異な存在だということができる。

「すべてを知る者」の「すべて」とは

右に、ゴータマ・ブッダは「わたくしは……すべてを知る者であり」といったとあるが、その「すべて」とは何であろうか。

その「すべて」は、たとえば、ゴータマ・ブッダとははるか時空を隔てたわたくしの二週間後の夕食のメニュー（わたくし自身にもまったく見当がつかない）とか、たとえば世界中に蟻が何匹いるかとか、たとえば大きく宇宙の成り立ちと行く末とか、そういうことを含んでいるのであろうか。

いや、そうではない。ゴータマ・ブッダが「わたくしはすべてを知る者である」といったときの「すべて」とは、みずからの実存である輪廻的な生存に関わる「すべての」経験的な事実（十二因縁に示される十二の事象とそれに深く関わる限りでのすべての事象）を徹底的に観察、考察して確認された「すべての」そうした事実の因果関係の鎖を「余すところなく」知っている、という意味にほかならない。

すでに見てきたように、ゴータマ・ブッダは、実存という枠からけっしてはみ出ることのない経験論者であった。そして、経験的な事実に即さないいわゆる形而上学的な議論に関与することを拒否した。したがって、さらにいえば、「すべてを知る者」であるゴータマ・ブッダにとっての「すべて」のなかには、みずからの実存である輪廻的な生存に関わる「すべての」経験的事実と、それらが織りなす因果関係の鎖の「すべて」と、実存に関わるものごとと実存に関わらないものごととの境界の内と外と、これら三者が含まれるということになる。

境界の内と外ということにまつわってさらにことばを足せば、ゴータマ・ブッダは、知るべきものごとと知る必要のないものごととを明確に識別することができたということである。知る必要のないものごとが何であるかが完璧《かんぺき》にわかったからこそ、ゴータマ・ブッダは、知るべきものごとを「すべて」知る者となりえたのである。

## 天上天下唯我独尊

ずっと後世に作成された仏伝（ゴータマ・ブッダの伝記）によれば、誕生したばかりのゴータマ・ブッダが、すっくと立ち、東南西北を順に見回し、北に七歩進み、右手を上に挙げ、左手を下にし、「神々を含むすべての世間のなかで、自分より勝れた存在はいない」と宣言したとある。いわゆる「天上天下《げ》唯我独尊」宣言である。

不思議きわまりないのは、多くの仏教学者が、「天上天下唯我独尊」を文字どおりに受け取ることに非常な抵抗を憶《おぼ》え、「我」を勝手に拡大解釈し、「すべての人間は一人ひとりかけがえのない尊厳をもっている」というのがその宣言の本当の趣旨だ、などなどと呆《あ》きれ果てることをいっていることである。

現在、「唯我独尊」ということばは、よくない意味にしか用いられない。これは確かであるが、仏教学者がそれによって「傲岸不遜《ごうがんふそん》のゴータマ・ブッダ」像を一般の人々が抱くとまずいと心配し、そのような解釈に逃げ込むというのは、まことに憂うべきことではなかろうか。

ずっと後世の仏伝の作者の意図は簡単に読みとれる。それは、ゴータマ・ブッダが生まれたときから偉大だったことを誇張するために、もともとゴータマ・ブッダがウパカに向かっていったことばを、そっくりそのままゴータマ・ブッダ誕生神話のなかに移入させたということである。逆にいうと、「天上天下唯我独尊」ということばには確固とした根拠があり、そこにこそゴータマ・ブッダの天才的な独創性の発露があると見るべきだということになる。

ここからいえるのは、多くの仏教学者たちは、よってたかってゴータマ・ブッダの天才的な独創性を、あたかも臭いものに蓋《ふた》のように、一般の人々の目に見えないようにしようとしているということである。

仏教からは外道《げどう》と見なされるヒンドゥー教側の哲学と仏教とを掛け持ちで研究している、いわば生粋《きっすい》の仏教学者でないわたくしが、ゴータマ・ブッダの天才的な独創性を積極的に世間の人々に知らせようと懸命に努力し、生粋の仏教学者がブッダの真の偉大さをひた隠しに隠そうと懸命に努力しているという、この絵図は異様なほど奇怪である。

つまり、この問題は、ゴータマ・ブッダが自称、自任する「すべてを知る者」の「すべて」を正確に把握できるかどうかにかかっているのである。

## 「ゴータマ・ブッダは何を悟ったのか」という愚問

ゴータマ・ブッダの成道（目覚めた人、ブッダになったという出来事）に言及するほとんどの仏教学者は、たとえばパーリ律蔵の『マハーヴァッガ』などを顧みながら、「では、ゴータマ・ブッダは、菩提樹《ぼだいじゅ》の下で何を悟った」のであろうかとの問いを立てる。そして、十二因縁を順逆に観じたのは成道のあとであるから、十二因縁を悟ったということはできない、そして、『マハーヴァッガ』などに、成道の時点でゴータマ・ブッダが何を悟ったかが書かれていないので、われわれはゴータマ・ブッダの「悟りの中身」「悟り体験」が何であったかを特定することができない、と、ほとんど決まり文句のようにいう。

仏教学者が「何を悟ったのか」というときの「悟った」は、「ブッダ」ということばの訳語である。

「ブッダ」という語は、「目覚める」を本義とする自動詞の動詞語根「ブドゥ」の過去受動分詞である。自動詞の過去受動分詞であるから、「ブッダ」は、素直に訳せば、「目覚めた（人）」でよいわけである。

ところが、「ブッダ」を「悟った（人）」と訳すと、そこからただちに、「では何を悟ったのか」という疑問が生ずる。しかし、この疑問は、「ブッダ」を「悟った（人）」と訳したことに由来する、日本人仏教学者に特有の疑問なのである。なぜなら、彼らは、「悟る」「悟った」という訳語を与えることによって、あたかも動詞語根「ブドゥ」を「知る」と同義語の他動詞であるかのごとく錯覚してしまうからである。

この錯覚にもとづいて、日本人仏教学者たちは、ゴータマ・ブッダが目覚めた人、ブッダになった、つまり成道にいたったという出来事に向かい合って、「ではそのときゴータマ・ブッダは何を悟った（知った）のであろうか」「十二因縁を順逆に観じたのは成道のあとであるから、悟った（知った）ことがらは十二因縁ではない」「仏典にはそれ以上何も書かれていない」「ゆえに、われわれはゴータマ・ブッダの悟りの中身を知ることはできない」と思考を進める。しかし、もはや明白であろうが、そうした思考は錯覚にもとづいているのであるから、まさに愚問愚答の域を出ることがない。

ただし、日本人仏教学者のこの愚問愚答を少しばかり救済することは不可能ではない。というのも、「ブドゥ」も「ブッダ」も、属格（第六格）の名詞（たとえば「甲」）と連合するとき、「甲を知る」という意味になるからである。そうした用例は、少ないとはいえまったくないわけでもない。あえて「悟る」「悟った」という訳語を擁護するならば、それらの訳語は、そうした少ない用例に強く引きずられて用いられ、解釈されるようになった、とはいえる。しかしそれでも、錯覚は錯覚である。

## 菩提樹の下で

ゴータマ・ブッダ成道のいきさつをもっとも詳しく伝えるパーリ律蔵所収『マハーヴァッガ』によれば、「最初の正しい目覚め」にいたったブッダは、菩提樹下《げ》で結跏趺坐《けっかふざ》したまま七日間得られた境地を愉《たの》しんだ。そして七日後の夜にいたり、初夜・中夜・後夜に三回にわたり十二因縁を順逆に観じ、その結果十二因縁について一点の疑念もなくなった、自分には悪魔の軍勢がつけ入る隙《すき》がまったくなくなったと宣言した。これが最終的な成道、つまり降魔《ごうま》成道である。(本書七八ページにその宣言たる感興のことばを十全な注意をもって訳したものを配したので改めて参照されたい。)

これをもっとも素直に解すれば、「最初の正しい目覚めにいたった」ゴータマ・ブッダは、七日後の夜にその目覚めを再三にわたって確認し、深化させ、完全なものとした、と読みとれる。つまり、成道は、「最初の正しい目覚めにいたった」その瞬間に全開したのではなく、その後の七日間の夜に三段階にわたって徹底的に確認されつくして全開になったということである。

つまり、成道（修行の完成）は、瞬間の出来事ではなく、少しばかりの、ただしすさまじく濃縮された時間の幅のなかで達成されたと考えるのが自然だということである。

したがって、「目覚めた」（ブッダ〔となった〕）というのは、「疑念がすべて消え去った」「悪魔の軍勢を打ち破って立った」ということに相当する。いかなる疑念や惑わしも払い去ったという万全の自覚が、「目覚めた」ということである。ここに、「さとり体験」うんぬんといって、体験主義的、神秘主義的な解釈を持ち込む余地はまったくない。

では、ゴータマ・ブッダは、何を知って目覚めたのかといえば、「すべて」を知って目覚めたのである。少し丁寧にいえば、みずからの実存である輪廻的な生存にまつわる「すべての」経験的な事実が織りなす因果関係の鎖の「すべて」を「余すところなく」知ったということである。

その因果関係の鎖をもっとも簡潔に集約したものこそが、十二因縁にほかならない。いいかえれば、ゴータマ・ブッダにとって、成道にさいして順逆に観じた十二因縁に、「知るべきことのすべて」が凝集されていたということである。（十二因縁の内容については後述する。）

以上のような理解をすることによって、もはやわれわれは、「十二因縁を順逆に観じたのは悟ったあとのことであり、ゴータマ・ブッダが成道にさいして何を悟ったかは文献に書かれていないから永遠の謎である」という見方から、完全に解放されることになる。ゴータマ・ブッダの成道のさまは、このように、最古の仏伝『マハーヴァッガ』に、その委細を尽くして書き記されている。火を見るよりも明らかなこの叙述に接して、首をかしげる人の気持ちにこそ、わたくしは首をかしげたくなるのである。

問題はすべて明瞭《めいりょう》である。われわれもいいかげん、ここで疑念の雲に巻かれる愚から脱却しなければならないであろう。

## 三　肥大化した「全知」と「慈悲」が出会うとき

### ヒンドゥー教の影響を受けて

ゴータマ・ブッダがウパカに向かって自分が「すべてを知る者である」と宣言したときの「すべて」が何であったかは、以上の考察によって明白になった。

しかし、ゴータマ・ブッダが入滅してのち、仏教徒たちはゴータマ・ブッダを神格化する方向に大きく傾いていった。

その傾向は、仏教やジャイナ教という新しい宗教に地盤を奪われたバラモンたち（古来のヴェーダの宗教を主宰することによって生活の糧を得てきた特権階級）が、失地回復のために多数派工作に走り、救済主義色に全面的に染められた新しい民衆宗教としてのヒンドゥー教を形成し、それが民衆の人気を広く博して隆盛に向かうのに比例して強まっていった。ヒンドゥー教の最高神（とくにヴィシュヌ神）は、全知全能と讃《たた》えられ、かつ一方、最高神に無条件に帰依すれば、最高神は無条件にその帰依者に絶大な恩寵《おんちょう》を授けるとされた。仏教徒たちは、この新しく魅力的で民衆宗教として成功を収めつつあるヒンドゥー教と競り合うようになった。

そこで、仏教徒たちは、すでにあったゴータマ・ブッダの全知者性の「全知」をむくむくと肥大化させ、片や、やはりすでにゴータマ・ブッダが説いていた「慈悲」（正確には「慈と悲」であるが、これについてはあとで触れる）を、仏の一大特性としてむくむくと肥大化させ、その両者を結び合わせるようになっていった。

そして、両者が完全に結び合ったさまをわれわれが見ることのできる最初の文献は、西暦紀元前二世紀の半ばに、ギリシア系のバクトリア王国の国王メナンドロス（インド訛《なま》りでミリンダ）が、仏教の学匠ナーガセーナ長老と対論を交わしたという歴史的な事実をもとに作成された『ミリンダ王の問い』（ミリンダ・パンハー）という仏典である。

『ミリンダ王の問い』に見られるデーヴァダッタ問題

『ミリンダ王の問い』には、戒律復古主義、戒律原理主義の旗を掲げ、出家の教団サンガ（僧伽《そうぎゃ》、僧、和合衆）をゴータマ・ブッダの手から奪い取ろうとしたデーヴァダッタをめぐる議論が随所に見られる。（デーヴァダッタ問題は、あとで詳しく触れる。）

もちろん、すでにデーヴァダッタを天下無類の極悪人扱いする伝説は、このころには完成していたから、彼をめぐる議論は、そうした視点からの議論となっている。

さて、デーヴァダッタは、サンガを分裂させる（破僧伽）という大罪を犯したのであるが、もしもゴータマ・ブッダが全知者であるならば、彼がそのような大罪を犯すであろうことは初めからわかっていたはずで、それならば、ゴータマ・ブッダが、彼が出家してサンガの構成員となることを認めたというのは、何ともおかしな話であることになる。

もしもゴータマ・ブッダが、彼が出家となるのを認めなかったならば、彼は、地獄に堕《お》ちるような大罪を犯さずにすんだはずである。そうだとすると、ゴータマ・ブッダは、ずいぶんと残酷な人物だということになるし、また、残酷な人物でないならば、全知者ではまったくないことになる。

と、ミリンダ王は、このような質問をナーガセーナ長老に投げかけた。

これにたいして、ナーガセーナ長老は、つぎのように答えている。

「大王よ、如来（＝ブッダ）は慈悲の人であり、また全知者です。大王よ、尊き師（ブッダ）は慈悲と全てを知る智慧とによって、デーヴァダッタの行く末を眺めつつ、デーヴァダッタが業の上に業をつみかさねて、一兆劫の間、地獄から地獄へ、破滅の所から破滅の所へと行くのを見られたのです。尊き師は全てを知る智慧によって、『かれの無限の業は、わが教えの下で出家したならば終りをつげるであろう。前の生〈につくった業〉に基づく苦しみは、終りをつげるであろう。だが、出家したとしても、この愚かな人間は一劫の間、〈苦しみをうける〉業をなすであろう』と知って、慈悲をもって、デーヴァダッタを出家させたのです」

（中村元・早島鏡正訳『ミリンダ王の問い』2、平凡社・東洋文庫、四〜五ページにもとづく）

オウム真理教の殺人肯定理論の原型

ミリンダ王は、ナーガセーナのこの答えには納得できず、やはりゴータマ・ブッダは残酷な人物だったということになるのではないかと、ナーガセーナ長老に問う。

「尊者ナーガセーナよ、しからば、ブッダは〈初めに人を〉打ったのちに、〈傷に〉油を塗る。崖に落としたのちに、〈救いの〉手をさしのべる。殺したのちに、蘇生を求める。すなわち、ブッダは初めに苦しみを人にあたえ、そののちに楽しみを付与してやるのですね」（同、五ページ）

ずいぶん皮肉っぽいいいかたである。

ここでナーガセーナ長老は、ついに切り札を出してくる。この切り札はかなり大乗仏教的であり、かつまた神格化されたゴータマ・ブッダの、極めつけの正体を露《あら》わにする切り札である。

「大王よ、それと同様に、如来は人々の利益のために〈かれらを〉打ち、人々の利益のために〈かれらを〉落とし、人々の利益のために〈かれらを〉殺すこともするのです。大王よ、如来は人々を打ったのちにもかれらに利益を付与し、落としたのちにも人々に利益を付与し、殺したのちにも人々に利益を付与するのです」（同、五ページ）

そしてナーガセーナ長老は、結論へと向かってつぎのようにいう。

「大王よ、もしもデーヴァダッタが出家しなかったならば、在家の身分のままで地獄〈の果を〉招く多くの悪業をなして、幾百兆劫もの間、地獄から地獄へ、破滅の所から破滅の所へと行きつつ、多くの苦しみをうけるでありましょう。尊き師はそのことを知りつつ慈悲をたれて、デーヴァダッタを出家させたのです。『わが教えに従って出家したならば、〈かれの〉苦しみは終りをつげるであろう』と〈言って〉慈悲をたれて、重い苦しみを軽くしたのです」（同、五〜六ページ）

賢明な読者諸氏はもう気がつかれたであろう。ナーガセーナ長老がいっていることは、二千年以上の時を超えて、オウム真理教という大量殺人教団がいっていたことと、まったく同じ理屈なのである。それはもう恐ろしいほどである。

念のために、右のナーガセーナ長老のことばを、ほんの少し変えてみよう。

「信者諸君、もしも地下鉄の乗客たちがサリンで殺されて転生（ポア）しなかったならば、今の状態のままで地獄という果を招く多くの悪業をなして、幾百兆劫もの間、地獄から地獄へ、破滅の所から破滅の所へと行きつつ、多くの苦しみを受けるでありましょう。尊き師（麻原彰晃）はそのことを知りつつ慈悲をたれて、地下鉄の乗客たちをサリンで殺して転生させたのです。『わが願いによってサリンで殺されたならば、地下鉄の乗客たちの苦しみは終わりを告げるであろう』といって慈悲をたれて、重い苦しみを軽くしたのです」

地下鉄サリン事件をはじめとする、オウム真理教による一連の恐るべき殺人事件は、まさに、ナーガセーナ長老の仏教によって正当化されていたのである。

### 救済主義思想の危険性

このように、肥大化した「全知」と肥大化した「慈悲」とが合体すると、何もかもが正当化される。残虐な連続大量殺人も正当化される。

これは、じつは、ナーガセーナ長老の仏教だけのことではなく、大乗仏教、密教にも共通する根本思想である。心を清澄にするための苦行系の修行のひとつであったという本来のありかたから切り離された「慈悲」を、「全知者」がたれるという図式は、右のようなことまでも完全に正当化してしまうのである。

わたくしは、一九九七年刊行の拙著『インド死者の書』（鈴木出版）の最後の付章において、ヒンドゥー教や仏教を引き合いに出しつつ、救済主義思想と自己責任思想とを対比させ、救済主義思想を付帯的なものとし、自己責任思想を中心に据える知恵が、今こそ、つまり二度と再び地下鉄サリン事件を引き起こす宗教団体を出現させないために必要となるのではないかと論じた。

オウム真理教は仏教ではないという僧侶《そうりょ》や仏教学者が多いようであるが、それは間違いである。オウム真理教は、（ナーガセーナの）仏教の、そしてもちろん大乗仏教、密教の、鬼子とはいえ、れっきとした子供だったのである。

こう見てくればくるほど、慈悲や全知者の問題だけにかぎっても、最初期の仏教、ゴータマ・ブッダの仏教が何であったのかを、できるだけ正確に理解する必要性が、ますます増してくるのである。

# 第四章　無意味な生を生きる――修行完成者の歩む道

## 一　梵天勧請の真相

### 説法へのためらい

目覚めた人（ブッダ、仏）となってから、ゴータマ・ブッダは、菩提樹《ぼだいじゅ》やそのほかの大樹の下に坐《ざ》し、五週間、みずからが解脱《げだつ》して達した平安の境地（涅槃《ねはん》、寂静《じゃくじょう》）を味わいつづけた。

しかし、そのあいだに、ゴータマ・ブッダは、成道《じょうどう》にいたる道を人々に説くことに深いためらいを抱くようになった。

最初期仏典のひとつ『サンユッタ・ニカーヤ』の『サガータヴァッガ』六・一・一には、つぎのようにある。

「一　わたくしはこのように聞いた。あるとき尊師は、ウルヴェーラー村はネーランジャラー河の岸辺で、アジャパーラという名のニグローダ（バニヤン）の樹の根もとに留まっておられた。初めて目覚めた人になられたばかりのときであった。

二　そのとき尊師は、独り隠れて、静かに禅定《ぜんじょう》に専心しておられたが、心のうちにこのような思いが起こった。

三『わたくしが知ったこの真理は深遠で、見がたく、難解であり、しずまり、絶妙であり、思考の域を超え、微妙であり、賢者のみよく知るところである。ところがこの世の人々は執著《しゅうじゃく》のこだわりを楽しみ、執著のこだわりに耽《ふけ》り、執著のこだわりを嬉《うれ》しがっている。さて執著のこだわりを楽しみ、執著のこだわりに耽り、執著のこだわりを嬉しがっている人々には、これがあるときに（かれが成立する）ということ（此《し》縁性《えんしょう》）、すなわち縁起という道理は見がたい。またすべての記憶や意志などの心の作用がしずまること、すべての執著を捨て去ること、妄執《もうしゅう》の消滅、貪欲《とんよく》を離れること、（苦である輪廻《りんね》的な生存の）止滅、安らぎ（涅槃）ということの道理もまた見がたい。だからわたくしが教えを説いたとしても、もしもほかの人々がわたくしのいうことを理解してくれなければ、わたくしには疲労が残るだけだ。わたくしには憂いがあるだけだ』と。

四　じつにつぎの、いまだかつて聞かれたことのない、すばらしい詩節が尊師の心に思い浮かんだ。

『苦労してわたくしが知ったことを、
今説く必要があろうか。
貪りと憎しみにとりつかれた人々が、
この真理を知ることは容易ではない。
これは世の流れに逆らい、微妙であり、
深遠で見がたく、微細であるから、
欲を貪り闇黒に覆われた人々は見ることができないのだ』と。

五　尊師がこのように省察しておられるときに、何もしたくないという気持ちに心が傾いて、説法しようとは思われなかった」
（中村元訳『ブッダ　悪魔との対話　サンユッタ・ニカーヤII』岩波文庫にもとづく）

執著がらみになっている人がけっして理解してくれないだろうというものは、ここで、非常に具体的に、「これがあるときに（かれが成立する）ということ（此縁性）、すなわち縁起という道理」であると記されている。この問題の重要な意味およびこの訳語が不正確であることについては、本書第五章で詳しく考察するので、そちらをご覧いただきたい。

## 根本的な生存欲を滅ぼした人の微妙な立場

平川彰博士は、ゴータマ・ブッダが成道のあと説法をためらったのは、大きな仕事を成し遂げた人が陥りがちなアンニュイ（やる気のない倦怠感《けんたい》）であるといっている。しかし、これは、ことを凡俗の世俗人たちの場合に引き下ろして見たときの解釈としてはありうるかもしれないが、最終的な平安（涅槃、寂静）の境地にいたったゴータマ・ブッダのような世俗を遠く離れた人にその解釈を当てはめるのはいかがなものかと思われる。この解釈は、成道ということの意味をきちんと押さえたものではないからである。

そもそも話のもとに立ち返って考えてみれば、ゴータマ・ブッダは、それまで輪廻的な生存の最終原因であるとされていた欲望（貪《とん》と瞋《しん》）のさらに奥に、自覚しがたくコントロールしがたい根本的な生存欲（無明《むみょう》、癡《ち》、渇愛《かつあい》）を発見し、それを智慧《ちえ》（具体的には「如実知見《にょじつちけん》」）によって滅ぼし、そして苦である輪廻的な生存を終結させ、目覚めた人、ブッダとなった。

根本的な生存欲を滅ぼしたということは、とりもなおさず輪廻的な生存の直接の原動力である善悪の業をも滅ぼしたということである。

善悪というのは、人間が生活世界で生きるために欠かすことのできない価値である。逆にいうと、ふつうの人間が、この世で生きることに意味を見出《みいだ》せるのは、善悪の価値を判断することに、何の疑いもなく意義を憶《おぼ》えるからにほかならない。

（誤解を避けるためにいっておくと、何かについてそれが善であるか悪であるかと疑って迷うということがあるが、それは、善悪の価値判断というものそれじたいにたいして、何の疑いも抱いていないからこその話であることをしっかりと押さえておかなければならない。この押さえを軽んずると、善悪相対論という極めて不健全な悪魔的懐疑論の底なし沼にはまってしまうのであるから。）

ところが、ゴータマ・ブッダのように最終的な心の平安（涅槃、寂静）にいたった人は、当然のことながら善悪を超越し滅ぼしているのであるから、価値判断に何の意義も見出すことがなく、したがってまた、この世に生きることに何の意味も見出すことがない。

あとでも触れることになるが、ゴータマ・ブッダは、この世のものはすべて虚妄《こもう》であるとか、空であるとか、幻であるとかといっている。これは、そうしたことからの自然の帰結である。

ただ、誤解を避けるためにいっておくと、ゴータマ・ブッダは、西暦紀元後八世紀にヒンドゥー教側のヴェーダーンタ学派から出た巨匠シャンカラが唱えたような幻影論を唱えているわけではない。ゴータマ・ブッダはここで、「本質論的に（あるいは存在論的に）世界は虚妄である」といっているのではなく、「目覚めた人、ブッダとなったみずからの実存にとって世界は虚妄である」といっているのである。

つまり、ゴータマ・ブッダは、真に実在するものなど何もないといっているのではない。「真の実在の有無」の議論のたぐいは、ゴータマ・ブッダが拒否するところである。いいかえれば、ゴータマ・ブッダは、世界(この世のもろもろの事象)が実在であるとかないとかを問題としているのではなく、世界はみずからの実存にとって何の意味も持たないといっているのである。根本的な生存欲を滅ぼした人にとって、世界のいかなるものも意味をなさないというのが、ゴータマ・ブッダが成道で到達した境地である。

このように、生の根元を断ち切ったゴータマ・ブッダには、まことに微妙な問題がつきまとう。

そもそも、根本的な生存欲がなくなるということは、とりもなおさず、生きようとは思わなくなるということである。したがって、そのような状態にいたった人が、そのまま朽ちてあとは死を待つばかりという心境になっても不思議はない。たとえば、仏教と同じ地域に同じ時代に興ったジャイナ教では、サッレーカナーというが、涅槃にいたった人はただちに完全な断食に入り、そのまま死ぬのである。

## 死時の到来を願う

そして、実際に、そのような心境をかなり端的にうかがわせることばが、『スッタニパータ』には見られる。

まず、苦行を修しているゴータマ・ブッダが悪魔ナムチに語ったことばがある。これにより、成道以前から、ゴータマ・ブッダが何を最終の目標としていたかがわかる。それはつぎのとおりである。

「四三五　わたくしはこのように安住し、最大の苦痛を受けているのであるから、わが心は諸々の欲望をかえりみることがない。見よ、心身の清らかなことを。

四三六　汝の第一の軍隊は欲望（貪）であり、第二の軍隊は嫌悪（瞋）であり、第三の軍隊は飢渇《きかつ》（渇愛）であり、第四の軍隊は妄執といわれる。

四三七　汝の第五の軍隊はものうさ、睡眠であり、第六の軍隊は恐怖であり、汝の第七の軍隊は疑惑であり、汝の第八の軍隊はみせかけと強情とである。

四三八　誤って得られた利益と名声と尊敬と名誉と、また自己をほめたたえて他人を軽蔑することは――、

四三九　ナムチよ、これらは汝の軍勢である。黒き魔の攻撃軍である。勇者ならざる者はかれにうち勝つことができない。（勇者は）うち勝って楽しみを得る。

四四〇　このわたくしがムンジャ草を口にくわえるだろうか？（敵に降参してしま

うだろうか？）この世における生はいとわしいかな。わたくしは、敗れて生きるよりは、戦って死ぬほうがましだ」

つぎは、サビヤという名の出家遊行者へのゴータマ・ブッダのことばである。

「五一四　師は答えた、『サビヤよ、みずから道を修して完全な安らぎに達し、疑いを超え、生存と衰滅とを捨て、（清らかな行いに）安立して、この世の再生を滅ぼしつくした人、――かれが修行者である。

五一五　あらゆることがらに関して平静であり、こころを落ち着け、全世界のうちで何ものをも害《そこな》うことなく、流れを渡り、濁りなく、欲情の昂《たか》まりを増すことのない道の人、――かれは柔和な人である。

五一六　全世界のうちで内的にも外的にも諸々の感官を修養し、この世とかの世とを厭《いと》い離れ、死時の到来を願って修養している人、――かれは自己を制した人である。

五一七　あらゆる宇宙時期と輪廻と生ある者の生と死とを、二つながらに思惟《しゆい》弁別して、塵《ちり》を離れ、汚点なく、清らかで、生を滅ぼしつくすに至った人、――かれを目覚めた人（仏）という』」

第五一六節の「死時の到来を願って修養している人」というあたりは、輪廻的な生存（この世におのれが生きていること）を徹底的に拒絶する姿勢の極致というべきであろう。

また、第五一七節の「二つながらに思惟弁別して」というくだりは、目覚めた人（ブッダ）の智慧が、「分析的な知識（分別知《ふんべつち》）ではなく総合的な直観である」（平川彰博士などがことあるごとに強調する）という考え方、また、「智慧は無分別知である」とする大乗仏教の経典でひんぱんに見られる考え方、また、雑多な人々が雑多に主張するような、智慧を何かしら超常的な洞察力などとする神秘主義的な考え方に、直接の打撃を加えるものであるといえる。ゴータマ・ブッダのいう「智慧」とは、徹底的に分析的な知識（如実知見＝徹底的な観察のみに基づく真摯な考察によって得られる知見）のことである。

## 梵天勧請

さて、先の『サンユッタ・ニカーヤ』のつづきでも、パーリ律蔵の『マハーヴァッガ』でも、このように説法をためらっているゴータマ・ブッダの前に梵天《ぼんてん》が現れ、ぜひ説法をしていただきたいと懇請したという話が伝えられている。（その懇請は、前者の文献では一回であるが、後者の文献では三回ということになっている。）

ちなみに、梵天というのは、西暦紀元前八世紀ぐらいから作成されはじめた一群のウパニシャッドという名を冠した文献で、世界の森羅万象がそこから出て再びそこへと帰入していくところの「宇宙の根本原理」(ブラフマン〔中性名詞〕)を男性名詞にして神としたものである。ゴータマ・ブッダのころには、梵天は、宇宙創造神として、神々の最高位にましますと広く信じられていた。

『サンユッタ・ニカーヤ』によれば、梵天は、上衣《じょうえ》を一方の(左の)肩にかけ、右の膝《ひざ》を地に着け、ゴータマ・ブッダに向かって合掌・敬礼して、説法してくださいと語ったのち、つぎの詩節を唱えた。


「九　汚れある者どもの考えた不浄な教えがかつてマガダ国に出現しました。

　願わくはこの不死の門を開け。

　無垢なる者が知った真理を聞け。

　たとえば、山の頂にある岩の上に立っている人があまねく人々を見下ろすように、あらゆる方向を見る眼ある方は、真理の高楼に登って、(みずからは)憂いを超えていながら、生まれと老いとにおそわれ、憂いに悩まされている人々を見そなわせたまえ。

起《た》て、健き人よ、戦勝者よ、
隊商の主よ、負債なき人よ、世間を歩みたまえ。
世尊よ、真理を説きたまえ。
（真理を）理解する者もいるでしょう。」

この梵天の懇請を受け、ゴータマ・ブッダは目覚めた人の眼によって世間をよくよく観察したのち、つぎの詩節を唱えた。

「一三　耳ある者どもに甘露（不死）の門は開かれた。
彼らは信を発《おこ》し向けよ（私のことばを信頼して欲しい）。
梵天よ、人々を害するであろうかと思って、
わたくしはいみじくも絶妙なる真理を人々には説かなかったのだ」

この詩節こそ、ゴータマ・ブッダの開教宣言である。
梵天の勧請《かんじょう》がなかったならば、ゴータマ・ブッダは誰にも教えを説くことなく、みずからがいたった最終の平安の境地――（インド人にとって）人間の最終目標地点――に安住し、

楽しみながら、誰にも知られることなく朽ち果ててしまったであろう。もしそうならば、後世、世界三大宗教の一つにまで発展することになる仏教は生まれなかったということになる。

## 人生の岐路で人が聞く不思議な声

では、梵天の勧請というのは、実際のところ、何だったのであろうか。

『ブッダチャリタ』(仏所行讃《ぶつしょぎょうさん》)など、はるか後代に作成された仏伝(ゴータマ・ブッダの伝記)は、神話的な潤色が著しい。そうした後代の仏伝になってはじめて、梵天勧請という逸話が現れたというのならば、この逸話は、まちがいなく後代の仏教徒による神話的な潤色以外の何ものでもない。

しかし、梵天勧請という逸話は、右に見てきたように、ゴータマ・ブッダのことばを直接伝えているとしか考えられない、最古の成立になる『サンユッタ・ニカーヤ』とか、神話的な潤色がまったくといってよいほど見られない最古の仏伝『マハーヴァッガ』とかでも、きわめて完成されたかたちで言及されている。

そこで、過去に偉業を成し遂げた人物たちの自伝、伝記だけでなく、ほかならぬわたくし自身の実体験をも踏まえていえば、人は、人生の重大な岐路に立ったとき、内なる声とも神の声ともつかない、しかし、幻聴ではなくはっきりとした意識の下、これまたはっきりと外から鼓膜を通じて伝わってくる声を聞くことがある。

わたくしはその声（いつでも明瞭《めいりょう》に思い出せるあの野太い声）が、何の声であるのか、正直のところ今もわからない。神の声だと納得するほど信心深くはないけれども、神の声でないならば何の声なのか、わたくしは自信をもって断定することができない。

しかし、ゴータマ・ブッダは、それを神の声、しかも当時の最高神である梵天の声と聞いた（にちがいない）のである。

ちなみに、説法へのためらいを払拭《ふっしょく》して開教宣言にいたるまでのその心的変化を、豊富な臨床例をまったく持たない怪しげなユング心理学を盲愛する一部の学者は、「メシア（救世主）願望」によるものだと断定している。しかし、これはいかがなものであろうか。というのも、精神科医でない人たちによってのみ支持されているユング心理学の病弊ともいうべきことなのであるが、何かにもっともらしい名称を与えたからといって、それを説明したことにはならないからである。馬鹿馬鹿しいの一語に尽きる話である。

プラグマティズムへ

こうしてゴータマ・ブッダは説法を決意し、ヴァーラーナシーに赴き、その郊外の地（現在のサールナート）にいたかつての苦行仲間である五比丘《びく》を相手に初めて教えを説いた。

これを初転法輪《しょてんぼうりん》という。

（ヴァーラーナシーへの途上で出会ったアージーヴィカ教徒のウパカに、みずからが全知であること、師なくして目覚めたと語ったが、ウパカは、まあそう仰《おっしゃ》るのならそうなのでしょう、と、首を振りふり去っていった。ウパカは、ゴータマ・ブッダが教えを説いた最初の相手になりそこねたのである。）

そして、初転法輪から、享年八十でクシナーラーで完全な涅槃に入るまでの四十五年間、ゴータマ・ブッダは広範な地を遍歴しながら教えを説いてまわり、多くの仏教在家信者と出家の弟子とを獲得した。

ゴータマ・ブッダは、すでに目覚めた人（ブッダ、仏）となり、最終的な安らぎ（涅槃、寂静）の境地にいたっていた。すなわち、ゴータマ・ブッダは、もはや修行完成者であり、根本的な生存欲を滅ぼした人であり、善悪の価値を超越し、この世に生きる意味など消え失《う》せてしまった人であった。

では、成道、初転法輪から入涅槃までの四十五年間を、ゴータマ・ブッダはいかなる意図で生きたのであろうか。

仏教には、真実と方便という便利なことばがある。これを用いていえば、ゴータマ・ブッダは、その四十五年間を、真実として生きたのではなく、方便として生きたのである。

つまり、根本的な生存欲をすでに滅ぼしているからには、この世に生きることには何の意味もないわけであるから、ゴータマ・ブッダは、真実には生きる意味のない生《せい》を、方便として、すなわち、暫定的に、あたかも意味があるかのごとく見なして生きたのである。

ゴータマ・ブッダは、成道ののち、初転法輪ののち、ほぼ日常的に禅定（瞑想《めいそう》）を行った。この禅定は、修行のための禅定ではなく、みずからがいたった境地を心ゆくまで楽しむための禅定である。

したがって、さきにも触れたが、ゴータマ・ブッダは、徹底思考の禅定だけでなく、思考停止のための禅定（かつてアーラーラ・カーラーマ仙人やウッダカ・ラーマプッタ仙人のもとで体験した）をも行った。静かにみずから楽しんでいるゴータマ・ブッダの修行ならざる禅定の姿を見て、弟子たちは修行としての禅定に邁進《まいしん》したのである。

ところが、日本に曹洞宗《そうとう》を開いた道元は、（本覚《ほんがく》思想にもとづく「修証一等《しゅしょういっとう》」理論の上に立ってのことであるが、）これを、ゴータマ・ブッダは死ぬまで修行をつづけたと解釈した。

また、道元の影響もあるが、近現代日本の少なからぬ仏教学者たちは、「人間ゴータマ・ブッダ」というコンセプトのもと、ゴータマ・ブッダも死ぬまで修行しながらみずからの煩悩《ぼんのう》と戦わなければならなかった、何と人間らしいことであろうか、などと論じたりする。

本覚思想に立つことをはっきりと宣言している道元はさておいて、仏教学者がそのようなことをいうというのはいかがなものか。

ゴータマ・ブッダの成道は、修行のただの一通過点にすぎなかったとでもいうのだろうか。修行を完成することなく、人間の最終目標である絶対の平安（涅槃、寂静）にいたったことがなかったのならば、なぜゴータマ・ブッダは、みずからを「すべてを知る者」と宣言したのであろうか。なぜ、いかなる人のいかなる質問にも、即座に的確な答えを返すことができたのであろうか。

前にもいったが、ゴータマ・ブッダはまとまった教義体系を持たなかったという学者は多い。それはまちがいで、わたくしは、ゴータマ・ブッダは、きわめて首尾一貫したまとまった教義体系を持っていたが、それを教科書風にまとまったかたちで説くことはなかったということだと考える。

ゴータマ・ブッダは、いかなる場合にも即座に的を射たことばで語ったが、それはいうまでもなく、行き当たりばったりのものではなく、核心をしっかりと持っていたからこそいかなる場面にも的確に対応できたと考えるべきである。そう考えるのが自然であり、合理的であり、知性ある人の良識にもっともよく適合する。

なぜ日本の仏教学者たちは、ゴータマ・ブッダの凄《すさ》まじい天才と独創性と偉大さを貶《おとし》めることに奔走するのであろうか。根拠なしにゴータマ・ブッダを称賛するつもりのないわたくしには、奇怪至極のこととしか思えない。

それはともあれ、この世に生きることの意味を方便として立てたゴータマ・ブッダは、みずからを律する厳格性をまったく必要としなかった。そこで、弟子たちに規律を課すにあたっても、厳格主義、原理主義に立つことはなかった。むしろ、何もなければ放っておく、何かが起きればそのとき新たに規律を設ければよいという、すでに修行者ではないがゆえに成り立つ立場にゴータマ・ブッダは立った。よい名称がわたくしには思いつかないので、便宜的に、そのような立場をプラグマティズム（実際主義、実用主義）と呼ぶことにする。

まったくのところ、成道、初転法輪ののち、ゴータマ・ブッダは、この世を、方便としてプラグマティカルに生きたのである。

## 二　デーヴァダッタの反逆

ゴータマ・ブッダが苦行で捨てなかったもの

本書第二章でも述べたように、ゴータマ・ブッダは、二十九歳で出家（沙門《しゃもん》）となってごく初めのうちは思考停止を目指す瞑想の道を歩んだが、その限界を知り苦行の道に入った。しかし、それも最終的な平安（涅槃、寂静）の境地をもたらすものではないとして苦行を捨て、苦楽中道に修行の本道を見出《みいだ》し、みずから改良した新たな瞑想――徹底的に観察、考察する瞑想――に入り、ほどなくして最終的な平安の境地にいたり、目覚めた人、ブッダとなった。

さて、このように、わたくしは、「ゴータマ・ブッダは苦行を捨てた」と書いた。この文言は、ゴータマ・ブッダについて言及しているどの仏教書を見ても書いてある。

しかし、ここから大きな誤解が生ずることもたしかである。

じつは、ゴータマ・ブッダが捨てたのは、仮死状態にまでいたる止息行とか過激な断食行とかのように、心身をいたずらに苛《さいな》むだけで、智慧の醸成に資することのほとんどない苦行だけであった。

苦行は、ゴータマ・ブッダがそうであった苦行者の苦行生活のすみずみにまでわたって多種多様にある。ゴータマ・ブッダは、そのなかから、心身を清澄にし、智慧の醸成に大いに役立つものは捨てずに継承したのである。

のちの仏教、とくに大乗仏教では、慈悲、慈悲とさかんにいわれるようになるが、もともと慈悲というのは、慈悲行という苦行の修行徳目のひとつだったのである。

本書第一章でも説明したように、ゴータマ・ブッダが活躍していた当時、出家は、出家という存在をどうしても肯定しようとしない保守的なバラモン階級をはじめとする少なからぬ人々から、蔑《さげす》まれたり、ののしりを受けたり、揶揄《やゆ》されたり、悪質ないやがらせを受けたりした。（特定の政治権力や宗教権力によって弾圧されたということではないので誤解なきように。）

これに立腹して敵愾心《てきがいしん》を燃やすようなことをしないばかりか、逆にそういう人々をも慈しみ愛《いと》おしむというのが慈悲行であり、これに徹するのはたいへん難しい。だからこそ、苦行の修行徳目として成り立ったのである。

ゴータマ・ブッダは、この慈悲行は、心を鎮め、徹底思考の瞑想に適した清澄なものにする、つまり智慧の醸成にたいへん有効であると考えた。そして、ゴータマ・ブッダは、慈悲行という苦行は捨てずに継承したのである。

そのほか、孤独行（犀《さい》の角のように……）とか、常乞食行《じょうこつじき》とか、死体捨て場を修行の場とする塚間住《ちょうけんじゅう》行とかも、もとは苦行の一環として行われていたのであり、ここから、ゴータマ・ブッダが、苦行のなかから多くのものを継承したことがわかる。

ゴーダマ・ブッダは、汚れた盥《たらい》の水とともに赤子《あかご》を流すような愚は犯さなかったのである。

だから「ゴータマ・ブッダは苦行を捨てた」「仏教は苦行を否定する」といういいかたは、大きな誤解のもとであるし、現に、その誤解は日本の仏教界に蔓延《まんえん》している。

一部の仏教学者たちは、もっとも貴重な古い仏典であり、本書でもたびたび引用している『スッタニパータ』は、苦行を認めているから、依《よ》るべき仏典としては認められないとまで断言している。こういう主張は、「仏教は苦行を否定する」といういいかたの中身をまったく吟味することなく、一方的に金科玉条のように扱う、批判精神の欠如から生み出された主張である。

## 仏教における出家生活様式の変化

ゴータマ・ブッダが最初に教えを説いた相手である五人の比丘は、ゴータマ・ブッダに帰依し、ここに最初の仏教の出家教団が成立した。のちに仏教の出家教団は巨大化していくのであるが、まだ初期のうちは、出家の生活様式は、当時の苦行者系の生活様式の常識に則《のっと》っているだけで問題はなかった。

ところが、ある程度以上の規模にまで成長すると、仏教の出家教団は、たんなる常識に則っているだけというわけにもいかなくなった。そうなってから、ゴータマ・ブッダは、みずからが率いる出家教団を、「サンガ」（僧伽《そうぎゃ》、僧、和合衆）と規定した。

サンガというのは、ゴータマ・ブッダが活躍した時代と地域（ガンジス河中流域、いわゆる中インド）に見られたひとつの組織形態のことをいう。

たとえば、貴族の合議による共和制国家も、商工業者の同業組合も、「サンガ」と呼ばれた。サンガというのは、その成員に平等の発言権があり、組織の方針は、成員すべての合議によって決せられる、という原則を持つ組織のことである。

ゴータマ・ブッダも、それに倣《なら》ったのである。

「サンガ」と規定されたことにより、増大した仏教の出家教団には、個々人の常識にもとづく判断を超えた、大きな組織を貫く一本の不動の原則がそなわることになったのである。

このようにして、組織の運営方法と規律とが、がっちりと固められることとなった。その組織規律のことを「律」(ヴィナヤ、通称として「戒律」)という。これは、仏教サンガの成員がなすべきことと、なしてはならないこととを定めたものであり、成員の個人的な自発性によるのではなく、守らなければ罰則が科せられるというものである。

こう見ると、個々人の自発性に任されていたときよりも、サンガという組織が形成されてからのほうが、出家生活全般がより厳しいものになったか、というとそうでもない。

個々人の自発性に任されていたときには、まさに鉄の自律意識がなければ、たちまち修行は頓挫《とんざ》することになるから、修行生活はたいへん厳しいものにならざるをえない。余人には耐え難いものでも、自分は引き受けるというのも、当然に必要とされる気概であった。

ところが、サンガとなって大原則が確立され、守るべき規律も明文化され、多くの仲間と共同生活をするようになると、かえって個人的、自発的な自律性は保ちがたくなる。逆にいえば、性格、能力、素質において種々様々な人々がサンガのなかにいるのであるから、その全員が守れるような規律でなければ、規律を立てる意味がない。

そのため、サンガという組織ができ、いろいろな出来事を経過するうちに規律の数も増えていったが、全体として、それに反比例するかのように、最初期仏教教団のような厳しさはしだいに姿を消し、むしろ規律は緩やかなものになっていった。

### ゴータマ・ブッダの実際主義

さて、組織が大きくなるにつれて出家の修行生活もしだいに緩やかになっていったといったが、それは、組織論一般から出てくる帰結でもあるが、じつは、ゴータマ・ブッダ自身がいわば率先して厳しさを緩めたという面も大きいのである。

ゴータマ・ブッダも、目覚めた人、ブッダになってからしばらくのうちは、きわめて厳格な出家らしい生活を送っていた。

たとえば、衣は汚い色をした（袈裟《けさ》）ぼろ布を綴《つづ》り合わせたもの（糞掃衣《ふんぞうえ》）にかぎる、食べ物は、乞食《こつじき》（托鉢《たくはつ》）によって得たものにかぎる、屋根の下、ベッドの上で寝起きしないなど、徹底したものであった。

ところが、出家教団が大きくなるにつれて、ゴータマ・ブッダは、しだいにそのようなことにあまり頓着しないようになっていった。

たとえば、在家の信者から新品の衣が布施されれば、それを受け取って身にまとうとか、乞食によらず、信者の招待を受けて食事をするとか、寄進された精舎《しょうじゃ》に造られた屋根付きの家のなかで寝起きするとか、といった具合である。

また、ゴータマ・ブッダは、不殺生戒からすれば、肉や魚を食べるのはどうかと思われるが、これについては、三聚浄肉《さんじゅじょうにく》という条件が整っていれば一向に差し支えないとした。

三聚浄肉の条件というのは、在家信者が、出家である自分のために生き物を殺すのを目撃した場合、自分のために生き物が殺されたことを、信頼すべき人から聞いた場合、さまざまな状況から察して、ことさら自分のために生き物が殺されたのではないかと疑いうる場合、以上三つの場合を除いて、在家信者から差し出された肉や魚を食べてもかまわない、ということである。

（ちなみに、今日でも、南・東南アジアに展開している上座部仏教はこの伝統を守っていて、出家は肉や魚を平気で食べる。これにたいして、大乗仏教は、いかなる条件があっても肉食は禁止した。ヴェトナム、台湾、香港、韓国の出家は菜食主義を厳格に守っている。明治維新以降の日本の出家だけが例外である。）

もちろん、何の理由もなしにゴータマ・ブッダはそうした、というのではない。信者にとって、出家に布施《ふせ》することは、大きな功徳《くどく》を積むまたとない機会なのであるから、無下《むげ》に布施を拒否すれば、信者が大きな功徳を積む機会を奪うことになる、というのがその理由である。

実際のところ、出家は社会的には無為の生活を送るのであるから、その無為の生活が可能であるためには、在家信者からの物質的な援助がなければならない。出家本来の原則をあくまで守るといって在家にたいして頑《かたく》なな態度を取っていたのでは、教団の発展は望めない。この実際的な要請に、ゴータマ・ブッダは素直に応《こた》えたのである。

ゴータマ・ブッダは、すでに修行を完成し、善をも悪をも超越しているのであるから、もはや厳格主義者(リゴリスト)である必要はまったくない。みずからの教えにより多くの人々が接するようにするためには、教団の発展は必要不可欠である。ゴータマ・ブッダは、そのために、大筋をはずれるのでなければ実際的な要請に柔軟に対処すればよしとする、実際主義者(プラグマティスト)の態度を取ったのである。

頭陀行——古式ゆかしい生活様式

もっとも、古式ゆかしい苦行系の出家生活をどうしてもまっとうしたいと願う出家にたいして、ゴータマ・ブッダはむしろそれを奨励した。

現に、ゴータマ・ブッダの晩年、サーリプッタ（舎利子《しゃりし》、舎利弗《しゃりほつ》）が亡くなったあと、仏教のサンガ全体の実質的な統率者になっていたマハーカッサパ（摩訶迦葉《まかかしょう》）は、そのような古式ゆかしい厳格で質素きわまりない生活を守り抜いた第一人者として有名である。

こうした古式ゆかしい出家生活は、「頭陀《ずだ》（ドゥタ、ドゥータ）行」と呼ばれ、のちには、つぎのような十三項目（十三頭陀支）にまとめられた。

一、糞掃衣支。捨てられた汚い色をしたぼろ布を綴り合わせた衣だけを着用する。
二、三衣《さんね》支。大衣、上衣、中着衣だけを着用する。
三、常乞食支。食べ物は乞食のみによって得る。招待の食事はとらない。
四、次第乞食《しだいこつじき》支。家々を順に回って乞食する。好みの家を選ばない。
五、一坐食《いちざじき》支。坐をいったんたったらもう食事はしない。
六、一鉢食《いっぱつじき》支。おかわりなし。
七、時後不食《じごふじき》支。食事は午前中に一回のみ。午後は水のみで食事なし。
八、阿蘭若住《あらんにゃじゅう》支。人里離れたところに住する。
九、樹下住《じゅげじゅう》支。大樹の下に住する。

十、露地住支《ろじじゅう》。ベッドの上、屋根の下でないところに住する。
十一、塚間住支。死体捨て場に住する。
十二、随処住支《ずいしょじゅう》。たまたま手に入った坐具や場で満足する。
十三、常坐不臥支《じょうざふが》。いつも坐ったままでおり、けっして横にならない。

### 厳格主義者デーヴァダッタの反逆

ところが、現実妥協的なゴータマ・ブッダに反旗をひるがえした弟子が現れた。それが悪名高いデーヴァダッタ（提婆達多《だいばだった》）であり、ゴータマ・ブッダの義弟あるいは従兄弟《いとこ》と伝えられている。彼は、まじめといえばまじめな、極端な厳格主義者、原理主義者、あるいは理想主義者であった。

彼は、ゴータマ・ブッダのやり方に不満を抱き、出家生活のいわば原点ともいうべきところに回帰すべきだとの考えから、ゴータマ・ブッダが不在のときに、五項目（五事）の提案を出した。それは、伝える資料によって内容はやや異なるが、おおよそつぎのようなものであった。

一、糞掃衣のみ着用、新品の衣の布施は受けない。

二、食べ物は乞食のみによって得る。招待の食事は受けない。
三、肉や魚は（あるいは加えて乳製品も）けっして口にしない。
四、屋根の下に住まない。
五、人里離れたところに住する。

第三項目の肉や魚うんぬんというのは、先に見た三聚浄肉なるものを認めないということである。ほかの項目は、先の頭陀行の内容とまったく変わりない。だから、そうしたいのならば、デーヴァダッタは、ゴータマ・ブッダに申し出て、個人的にそのような古式ゆかしい出家生活をまっとうすればすむ話だったのであるが、彼はそうはしなかった。

彼は、これをサンガの成員である出家全員が守るべきだと主張した。そして、ゴータマ・ブッダが不在のときに、大勢の出家を集め、投票にかけたのである。つまり、彼は、ゴータマ・ブッダを切り捨て、自分を指導者とする原理主義的な教団を作ろうとしたのである。

投票の結果は、何と、彼の圧勝であった。デーヴァダッタだけでなく、かなり多くの仏教の出家は、ゴータマ・ブッダの実際主義、現実妥協的な姿勢に不満を抱いていたということである。いいかえれば、彼らは、ゴータマ・ブッダのそのような姿勢が、修行をすでに完成して人間の最終目標を達成した人の、方便としての生という、根本的であるがゆえに微妙きわまりない問題を理解することができなかったということである。

ゴータマ・ブッダは、成道の直後に、説法をためらっていたが、そのためらいに十分な根拠があったことが、生きているうちに、はしなくもこうした形で証明されたということになる。凡人は天才を理解できないということであろう。

さて、これを聞き知ったゴータマ・ブッダは、侍者アーナンダ（阿難《あなん》）をはじめとする長老を派遣し、デーヴァダッタの提案に賛成した多数の出家たちの説得に当たらせた。アーナンダたちの努力は実を結んだが、それでも、ごく一部の出家たちはデーヴァダッタに従い、結局、分派を作って出ていってしまった。

デーヴァダッタの教団は、小さいながらも意外に長続きをした。はるかのち、中国からやってきた法顕《ほっけん》や玄奘《げんじょう》は、デーヴァダッタ教団の存在を報告している。しかし、原理主義的な厳格者集団は、けっして大きな教団となることはできなかったのである。

しかし、デーヴァダッタ事件ほどではないにせよ、ブッダが主導して定められた戒律でなく、他派の戒（シーラ、善い心がけ）や誓戒（ヴラタ、絶対に守り抜かなければならない掟、禁《ごん》）を善しとする考え（戒禁取見《かいごんじゅけん》）に走る弟子が現れることに、教団規律の乱れを憂慮し、ブッダはそうした考えを厳しく排除するようになっていった。

# 第五章　苦、無常、非我とは何か

## 一　苦

### インドにおける厭世主義の出現と発展

インドに生まれ育った宗教や哲学の圧倒的多数は、究極的には厭世《えんせい》主義に濃厚に彩られている。仏教もインドに生まれ育った宗教、哲学で、その例外ではない。「苦」について考える前に、ここでインドにおける厭世主義の出現と発展について、簡単に一瞥《いちべつ》を加えておこうと思う。（もう少し詳しく知りたい方は、拙著『インド死者の書』鈴木出版を参照されたい。）

現在のヨーロッパを構成する主要な民族と遠い祖先を同じくし、「アーリヤ」と自称する民族がインドに持ち込んだ宗教をヴェーダの宗教という。これは祭官階級であるバラモン至上主義の宗教であるので、近現代の学者たちからは、バラモン教（ブラフマニズム）とも呼ばれている。

ごく初期のヴェーダの宗教では、人間はみな、死ぬと死者の国に赴き、そこで永遠に生きると考えられた。人類最初の死者はヤマ（閻魔《えんま》）であるとされ、この世から死者の国への道を最初に切り開いたことを讃《たた》えられ、神々から、死者の国を統率する王の地位を与えられたという。

そのころ考えられていた死者の国は、美味な食べ物に満ちあふれ、たくさんの樹木が心地よい緑陰を作り、たえず涼しいそよ風が吹いている、理想の楽園であった。死者の国の王ヤマは温厚そのものであった。

そのころのアーリヤ人たちには、厭世主義はなく、むしろ正反対の現世肯定、快楽主義が根付いていた。現世（この世）は楽しい、そして、あの世はもっと楽しい、という考えであった。

ところが、極端な快楽主義は、その極端さゆえに、永遠の快楽が失われることへの恐怖を徐々に醸《かも》すようになっていった。すなわち、楽園である死者の国で永遠に生きることができず、そこで再び死ぬようなことがあったら大変である。

死者の国での再死を死ぬほど恐れたアーリヤ人たちは、そこで、再死しないですむ方法を考えた。

そこから、生前に、ヴェーダの宗教でなすべきとされていること（ダルマ、法）をきちんとやり、なすべからずとされていることをやらないことで、再死をまぬがれることができる、そうでないならば再死にいたる、と考えられるようになった。ここに、因果応報思想が芽生えたのである。

いったん生まれた因果応報思想は、一途《いちず》にその論理性を高めていった。そこから、生前にダルマをよく遵守した人は、死後、楽園に赴くが、そうでない人は地獄に赴くと考えられるにいたった。このときから、死後の楽園は天上はるかにあって天界（スヴァルガ）と呼ばれ、地獄は地下深くにあるとされるようになった。

このようにして、「善因楽果、悪因苦果」「自業自得《じごうじとく》」という鉄の論理法則を骨格とする因果応報思想が完成された。

その後、西暦紀元前八世紀ぐらいに、アーリヤ人の中核をなすバラモンたちは、先住農耕民族の死生観に源を発する輪廻《りんね》思想を受け入れた。そのときバラモンたちは、すでに自分たちが所有していた因果応報思想という、高度な論理性と倫理性とを併せ持つ自己責任思想を、輪廻思想の基盤として位置づけた。

この高度な論理性と倫理性のゆえに、インドにおける輪廻思想は、哲学者たちの徹底した吟味にも堪えられるものとなり、今日でもインドで、そして仏教を介してアジアの非常に広範な地域で信奉される思想となった。

古代ギリシアでも、インドからの影響か否かは不明であるが、輪廻思想は流行した。しかし、輪廻思想を信奉していたピュタゴラスもプラトンも、輪廻思想に高い論理性と倫理性を与えることはなかった。そのため、古代ギリシア文明が解体してヘレニズムへと移行し、やがてキリスト教が広まるとともに、かの地では、輪廻思想はいつのまにか雲散霧消してしまった。インドの場合とまことに好対照である。

## 再生よりも再死を恐れる

このように、インドにおける輪廻思想は、因果応報思想にしっかりと支えられて発展することになる。

ここで注目すべきなのは、因果応報思想が、元来、再死を恐れるあまり生み出されてきたものだということである。

この考えは、インド人の輪廻思想の見方にそのまま引き継がれた。すなわち、輪廻転生というのは、何もしなければ、生類は、永遠の過去から永遠の未来にわたって、死んでは何かに生まれ変わり、また死んでは何かに生まれ変わりというように、再生と再死とを延々と繰り返すということである。

我が国では、明治の文明開化、啓蒙《けいもう》の時代に、輪廻思想はよってたかって迷信だと烙印《らくいん》を押されたが、すさまじい高度成長期が一息つき、物の豊かさと心の豊かさとのギャップが問題とされてきたころから、輪廻思想にたいする関心はまた高くなっているようである。前世占いなどという愚かな話は別として、今日の日本人のかなり多くは、輪廻思想を真剣に信じていないにしても、輪廻思想に好意を抱いている。

なぜかといえば、死ねば何もかも空無に帰するとする、呆《あき》れるほど誤って科学的とされる死生観では救いがない、死んでもまた何かに生まれ変わることができるのならば、死んでも人生これで終わりではなく、また何回でもやり直しがきくというのは、何か救いを感ずるところがあるからである。ということからもわかるように、近年の多くの日本人が輪廻思想に共感を覚えるのは、「再生の繰り返し」と「再死の繰り返し」のうち、圧倒的に「再生の繰り返し」に共感を覚えるからである。

ところが、古来、インド人は、因果応報思想を形成した動機からしてもわかるように、輪廻ということについては、恐怖に満ちた関心をもっぱら再死に抱いてきたのである。再生などたいして眼中にはないといってよい。今生《こんじょう》を終えるときに死ぬのでも堪えがたいものがあるのに、死を繰り返し延々と体験しなければならないというのは、まさに恐怖そのもの、苦しみそのものである。

そして、そのような再死が決定づけられている輪廻に生きるということは、それ自体恐

ここから先は、本書第一章を読み返していただきたい。

の思想が生まれ、解脱を目指す出家という存在が出現するようになったというわけである。ここから解脱《げだつ》

も早く輪廻転生のサイクルから永遠に脱出したいものだという思いが募る。こう考えると、一日で

るべきことであり、考えてみれば、この世は苦に満ちみちている。こう考えると、一日で

## ゴータマ・ブッダによる最初の教え——苦楽中道

成道《じょうどう》ののち、説法を決意したゴータマ・ブッダは、当時最大の商工業都市ヴァーラーナシーに赴き、その郊外にあって出家修行者がたくさん集まっている（イシパタナ、仙人堕《せんにんだ》処《しょ》）鹿野苑《ろくやおん》（ミガダーヤ、現在のサールナート）で、苦行時代の仲間である五比丘《びく》と再会し、彼らを相手に最初の説法を行った。これを初転法輪《しょてんぼうりん》という。

パーリ律蔵の『マハーヴァッガ』によれば、最初の教えは、つぎのように苦楽中道を説くことから始まっている。

「さて、幸ある人（世尊、つまりゴータマ・ブッダ）は、五比丘に向かって告げた。

『比丘たちよ、出家たる者は、二つの極端に親しみ近づいてはならない。二つとは何か。〔第一の極端は、〕欲望の対象のなかにあって欲望と快楽とにはまり込むことであ

り、これは劣っており、卑しく、凡俗の者たちのものであり、聖賢のものではなく、不利益と結びついている。〔第二の極端は、〕みずから疲弊にはまり込むことであり、これは苦であり、聖賢のものではなく、不利益と結びついている。健勝なる人（タターガタ）はこの両極端を捨て、中道を覚知した。それは〔真理を見る〕眼をもたらし、智慧をもたらし、平安（寂静《じゃくじょう》）と証智と目覚めと涅槃《ねはん》とに資するものである。

比丘たちよ、健勝なる人が覚知し、〔真理を見る〕眼をもたらし、智慧《ちえ》をもたらし、平安と証智と目覚めと涅槃とに資するその中道とは何か。これこそが、八支よりなる聖なる道（八聖道《はっしょうどう》、八正道《はっしょうどう》）である。それはつぎのようなものである。すなわち、正見と正思惟と正語と正業《ごう》と正命《みょう》と正精進《しょうじん》と正念と正定《じょう》とである。まさにこれが、健勝なる人が覚知し、〔真理を見る〕眼をもたらし、智慧をもたらし、平安と証智と目覚めと涅槃とに資する中道である。』」

ここにある中道、すなわち苦楽中道というのは、ゴータマ・ブッダが、苦行を捨て、成道にいたる直前に、みずからの体験を踏まえつつはっきりと気づき、確認した修行の本道であった。この苦楽中道の発見の背後に、輪廻的な生存の最終的な原因としての根本的な生存欲（無明《むみょう》、癡《ち》、渇愛《かつあい》）とそれを滅ぼすために必要なものとしての徹底した観察によっての得られる智慧と、この二つのことについての偉大な発見があったことは、本書第二章で詳しく述べたところである。

最初の説法の相手となった五比丘は、苦行時代にゴータマ・ブッダが行動をともにした修行仲間である。

彼らは、ゴータマ・ブッダが苦行を捨てたのを見て、「ゴータマは堕落した」と深く失望したという。そして、鹿野苑でゴータマ・ブッダの姿を見かけたとき、彼らは、ゴータマ・ブッダを無視しようと約束し合った。

ところが、ゴータマ・ブッダを目前にしたとき、彼らはその神々しい様を見て思わず約束を忘れ、うやうやしくゴータマ・ブッダをもてなし迎え、「あなたさま」と声をかけた。これにたいしゴータマ・ブッダは、健勝なる人（タターガタ、「如来《にょらい》」と漢訳され、「真理より衆生救済のために来たれる人」と解釈されているが、その解釈は本来とはまったく異なる。「善逝《ぜんぜい》」と漢訳される「スガタ」も、やはり本来は「健勝なる人」といった意味である）を呼ぶに、本名あるいは「あなたさま」といってはならないと告げたという。

ゴータマ・ブッダが、その最初の教えにおいて、まず苦楽中道の話から始めたのにはわけがあると見ることができる。

つまり、ゴータマ・ブッダは、快楽原理にもとづく在俗生活を捨てて出家し、思考停止を目指す禅定《ぜんじょう》の道を経て苦行の道に専心した。苦行の道は在俗生活とはまったく正反対の道であり、ゴータマ・ブッダも、長らく、この道こそが出家修行の本道だと信じ、執著《しゅうじゃく》していた。しかし、最終的に、苦行をも捨てるところに修行の本道を見出《みいだ》した。そうしたみずからの経験があるからこそ、ゴータマ・ブッダは、苦行こそ、在俗の快楽的な生活の正反対に位置する、出家修行の本道だと信じている五比丘に、まずは苦楽中道を端的に示したかったのである。

## 八聖道（八正道）とは

ゴータマ・ブッダは、最初の説法のその最初に苦楽中道を説き、それが具体的に八支よりなる聖なる道、つまり八聖道だということを示した。

その八支の一つひとつが、本来、正確には何を指していたのかは、古い仏典を見るかぎりやや判然としないところがある。したがって、後世のアビダルマ仏教で説かれる定義を参照しなければならない。そうした後世の定義と古い仏典で修行について触れている文言とを併せ考えると、八支のそれぞれは、つぎのようなものであったと考えられる。

一、正見《しょう》　正しいものの見方（すなわち、徹底的な観察のみに基づいた知見たる

如実知見《にょじつちけん》、別名を智慧という）

二、正思（惟）　正しい思考の運び方（善悪の弁別や用いる論理への自覚的反省）

三、正語　正しいことば（嘘をついたり粗暴なことばづかいをしないなど）

四、正業《ごう》　正しい行い（生類を殺傷しないなど）

五、正命《みょう》　正しい生活規律（いわゆる戒律）

六、正精進《しょうじん》　正しい努力（修行に怠りがないこと）

七、正念　正しい記憶（教えをしっかりと頭に刻み込むこと）

八、正定《じょう》　正しい禅定（徹底思考の瞑想）

「正念」という支は、多くの仏教関係の書物では、「正しい念《おも》い」「正しい想念」などと訳されている。しかし、それでは何のことか漠然としている。これは、原語（サティ、スムリティ）からも明らかなように、「記憶」以外の何ものでもない。

インドでは、古くから、ヴェーダなどの聖典や師の重要な教えは、徹底的に記憶し暗唱しなければならないと考えられてきた。詳しく書くときりがないが、これは今日のインドでもそうで、教育のイロハは徹底的な暗記主義である。インド人は、厖大《ぼうだい》な記憶量があってはじめて強健な思考力が涵養《かんよう》されると考える。考える材料がろくに頭に入っていないところで、どうやって思考力を鍛えることができようか、というわけである。ゴータマ・ブッダの対機説法、応病与薬といわれる教育法がいかに勝《すぐ》れたものであるかという例に、チューラパンタカの話がよく引き合いに出される。彼は、仏弟子のなかでは飛び抜けて機根が劣っていたとされている。それはつまり、彼が、記憶力において著しく劣っていたということである。その、記憶力が著しく劣っていたチューラパンタカさえも、ゴータマ・ブッダの巧みな導きによって涅槃にいたることができた、という話なのであるが、これを裏返していえば、ゴータマ・ブッダが、いかに記憶力を重視していたかということの証左となる。

四聖諦

苦楽中道こそ修行の本道であり、それは具体的には八聖道であると説いたのち、ただちに引きつづいてゴータマ・ブッダは、四聖諦《ししょうたい》を説いた。四つの聖なる真実、という意味のことである。それは以下のとおりである。

苦聖諦
苦集《じゅう》聖諦

苦滅聖諦
苦滅道聖諦

苦聖諦というのは、この世は苦に満ちみちていることは真実にして違うことがないということで、具体的には四苦八苦であるという。

それは、生《しよう》苦、老苦、病苦、死苦の四苦、それに愛別離苦、怨憎会苦《おんぞうえく》、求不得苦《ぐふとつく》、五陰盛苦《ごおんじようく》の四苦を加えて八苦、という数え方をする。

生苦というのは、生まれることに伴う苦である。

ゴータマ・ブッダはここではそれが何であるか説明していないが、これは、後世の仏教徒の解釈を参照すれば、誕生時の苦のことである。つまり、母胎で快適に暮らしていた赤子も、誕生時には、狭い産道を通過するさいに骨がばらばらになろうかという苦しみを味わう。赤子にとって、助産婦の手や、産着は、針の筵《むしろ》のように痛いもので、誕生時の赤子の産声《うぶごえ》は、そうした激痛に堪えかねて泣き叫んでいる声だという。（二〇一〇年ごろの新聞やテレビといった報道機関によれば、実証科学としての声紋研究の結果、産声は、「痛い」と「眠たい」を同時に表現したものだということがわかったとのことである。）

ちなみに、後世の仏典によると、赤子は、母胎にいるときには前世の記憶を持っていて、今度生まれたならば、善いことをしよう、悪は避けようと殊勝な心がけでいるが、この生苦のために前世の記憶と殊勝な心がけとをすべて失うという。では、ゴータマ・ブッダが前世の記憶を失わなかったのはなぜかといえば、ゴータマ・ブッダは、産道を通過することなく、母マーヤーの右の脇腹から生まれたからだ、と説明される。うまく理屈をつけたものである。

と、それはともあれ、この生苦とはそうしたことであって、多くの仏教書に書かれているような「この世に生きていることが苦である」というようなことではまったくない。生苦の「生」の原語である「ジャンマ」は、「生きていること」ではなく、あくまでも「生まれること」を意味する。「輪廻」の別の表現は「生死《しょうじ》」（ジャンマ・マラナ）であり、これは「生きていることと死ぬこと」ではなく、「生まれることと死ぬこと」を意味する。

老苦は、老いに伴う苦のことである。

病苦は、まさに文字どおり、病気に伴う苦である。

死苦も、まさに文字どおり、死に伴う苦である。

以上の四苦は、生類としての人間が免れることのできない肉体生理的な苦である。あとの四苦のうちの初めの三苦は、心理的な苦であるといえる。

まず愛別離苦とは、愛する人と別れることに伴う苦である。わが国でよくいわれる「生《しょう》者必滅《じゃひつめつ》、会者定離《えしゃじょうり》」の「会者定離」に伴う苦のことである。

つぎに怨憎会苦とは、厭《いと》わしい嫌な人と人間関係を持つことに伴う苦である。

つぎに求不得苦とは、欲しいものが手に入らないことに伴う苦である。

最後の五陰盛苦は、以上の七苦を要約したものである。『マハーヴァッガ』には、「要約していえば」と明記されている。五陰（五蘊《ごうん》）については後述するが、簡単にいえばわれわれの心身のことである。したがって、五陰盛苦というのは、心身が活動していることそれ自体、つまり、この世に生きていること自体が苦だということである。

生苦を「生きていることが苦である」と解釈している多くの仏教書は、この最後の五陰盛苦の説明に窮してしまう。仏典に「要約していえば」とあるにもかかわらず、五陰盛苦をほかの苦と並列するものとして説明するなど論外である。「心身の活動が盛んだと欲望も盛んになって苦のもとになるのだ」などという説明は噴飯ものである。

つまり、生類として免れることのできない肉体生理的な四苦と、生活のなかで味わう心理的な三苦と、以上を要約した五陰盛苦と、以上で四苦八苦ということである。

苦集聖諦とは、このように苦でしかない輪廻的な生存をもたらす原因をたどっていった最終的なものは渇愛（根本的な生存欲、無明、癡とも）であることは真実であり違うことがないということである。

苦滅聖諦とは、その渇愛という根本的な生存欲を滅ぼせば、因果の鎖を逆にたどり、最終的な結果である輪廻的な生存という苦も、滅びることは真実であり違うことがないということである。

苦滅道聖諦とは、そうやって苦である輪廻的な生存を滅ぼす道があり、それは先の苦楽中道としての八聖道にほかならないことは真実であり違うことがないということである。

## 四聖諦の三転十二行相観

『マハーヴァッガ』では、ゴータマ・ブッダは、この四聖諦を「三転十二行相《ぎょうそう》」をもって観察することで目覚めた人、ブッダになったとされる。「三転十二行相」というのは、三つの基準のそれぞれによって四聖諦の一いちが順繰りに見回された（転）結果として現れる十二の特徴的なあり方（行相）のことをいう。

三つの基準とは、（1）四聖諦それぞれの内容の確認、（2）ではどうすべきかの確認、（3）その結果よく了解体得したことの確認、以上の三つである。後世の用語で、（1）は「示《じ》」、（2）は「勧」、（3）は「証」という。

四聖諦観という禅定を行うということは、四聖諦を三転十二行相をもって観ずるということである。つまり、四聖諦観とは、三転十二行相観にほかならない。具体的には、それはつぎのような構成になっている。

一、苦聖諦とはこのようなものである。（示）

苦聖諦を完全に知るべきである。（勧）

苦聖諦をすでに完全に知り終えた。（証）

二、苦集聖諦とはこのようなものである。（示）

苦集聖諦を断ずべきである。（勧）

苦集聖諦をすでに断じ終えた。（証）

三、苦滅聖諦とはこのようなものである。（示）

苦滅聖諦を目の当たりに見るべきである。（勧）

苦滅聖諦をすでに目の当たりに見終えた。（証）

四、苦滅道聖諦とはこのようなものである。（示）

苦滅道聖諦を繰り返し修すべきである。（勧）

苦滅道聖諦を繰り返し修し終えた。（証）

ゴータマ・ブッダは、この三転十二行相観をきわめて短時間で完了し、目覚めた人、ブッダになったのであるが、それは、ゴータマ・ブッダが、そうした観、および八聖道の発案者にほかならなかったからである。

四聖諦を三転十二行相をもって観ずるというのは、ふつうの出家仏教徒にとっては、最高段階、最終段階における禅定と位置づけられる。出家でも初心者は、まず自他の身体を不浄だと見る不浄観を中心とする五停心《じょうしん》観からはじめて、幾種類もの観を一つひとつ修し終えた末に、四聖諦の三転十二行相観がくる。ところがゴータマ・ブッダは、四聖諦観にいたるまでの幾種類もの観を、苦行時代にすべて修し終えていたのである。

ゴータマ・ブッダは、苦行を捨てたのであるが、苦行のすべてを捨てたのではなく、心を清澄にするのに資する苦行徳目は、捨てずに継承した、ということはすでに述べた。今触れた不浄観も、すぐ後で触れる無常観も、ともに元来は苦行の徳目だったのである。

## 十二因縁とは何か

『マハーヴァッガ』が伝えるところによれば、ゴータマ・ブッダは、このように四聖諦を三転十二行相をもって観じ尽くしたことによって目覚めた人、ブッダになったが、それからの七日後の夜を徹して、繰り返し十二因縁を順逆に観じた。成道というのは、一瞬にして成立したのではない。短時間のうちにとはいえ、四聖諦観で成道が開始され、十二因縁を順逆に観ずることによって成道が完了したと、こう考えれば、成道をめぐる不毛な議論、愚問愚答は完全に回避できる。

ところで、では、四聖諦と十二因縁とは、どのような関わりがあるのであろうか。

それを考える前に、十二因縁を順逆に観ずるというのがどういうものであるのかを、『マハーヴァッガ』の記述に見ることにする。

「さて幸ある人（世尊）は、その夜の初夜に縁起を順逆に考察された。〔すなわち〕無明に縁《よ》って行《ぎょう》が生じ、行に縁って識が生じ、識に縁って名色《みょうしき》が生じ、名色に縁って六処（六入）が生じ、六入に縁って触《そく》が生じ、触に縁って受が生じ、受に縁って愛が生じ、愛に縁って取が生じ、取に縁って有《う》が生じ、有に縁って生《しょう》が生じ、生に縁って老と死と愁いと悲しみと苦と憂慮と悩みとが生ずる。このようにして、すべての苦の集まりが起こってくるのである。

また、無明が余すところなく滅すれば行が滅し、行が滅すれば識が滅し、識が滅すれば名色が滅し、名色が滅すれば六入が滅し、六入が滅すれば触が滅し、触が滅すれば受が滅し、受が滅すれば愛が滅し、愛が滅すれば取が滅し、取が滅すれば有が滅し、有が滅すれば生が滅し、生が滅すれば老と死と愁いと悲しみと苦と憂慮と悩みとが滅する。このようにして、すべての苦の集まりは滅し尽くすのである、と」

十二因縁の各支（項目）を簡単に説明すると、つぎのようである。

一、無明。パーリ語・アヴィッジャー、サンスクリット語・アヴィッディヤー。根本的な生存欲。およそ生きとし生けるものが持つもので、これがなければ生きていけないしろものであり、それゆえそれを捉えることはふつうではほとんど困難である。ゆえに「無明」とか「癡」（モーハ、迷妄）と言われ、またそれゆえ抑制することがほとんど困難であるがゆえに、耐え難い喉の渇きになぞらえて「渇愛」（パーリ語・タンハー、サンスクリット語・トリシュナー）と呼ばれる。

（「ア」はパーリ語・サンスクリット語ともに否定辞である。このことから和辻哲郎博士は、当時西洋哲学界で流行っていた論理実証主義の影響下、「無明」を単なる「智の欠如態」だとした。ただの欠如態が生きとし生けるものを衝《つ》き動かす動力源だというのはまったく理解に苦しむ。生きとし生けるものの生存の原点の何か、これが無明だと論じていた東京大学印度哲学科の木村泰賢博士は、和辻氏から厳しく論難され、その論難が論理実証主義の実態（原文）を見ない悪しき臆断だと反論を試みたが、四十代半ばに病を得て急逝された。

問題はあいまいなまま、今も何とも後味の悪さが残るように思われる。）

二、行。パーリ語・サンカーラ、サンスクリット語・サンスカーラ。記憶や意志。生き物が生きて行くためには、過去に得た経験を記憶から呼び起こし、それを主要な武器として世の中（世界）に関わって行こう（意志）としなければならない。

三、識《しき》。パーリ語・ヴィンニャーナ、サンスクリット語・ヴィジュニャーナ。判断。世の中に関わって行くことにした以上は、世界がどのようなものであるかを判断しなければならない。当たり前のようではあるが、わたくしたち生き物は、世の中の色々なことがらについてああだこうだと判断しなければ一瞬たりとも生きていられないようになっている。

四、名色。名称（ナーマン）と形態（ルーパ）。つまり世界の森羅万象。紀元前八世紀インド最初（世界最初）の哲学者ウッダーラカ・アールニが用いた術語。認識の対象となる世界のいかなる事象も名称と形態として捉えられるということ。たとえば焼き物で、平べったい形態を持つものには「皿」という名称がつき、少し深みのあるものには「鉢」という名称がつき、といった具合である。

五、六入《ろくにゅう》（六根《ろっこん》）。六つの感官。これらがなければ対象を捉《とら》えることができない。眼《げん》（視覚器官）、耳《に》（聴覚器官）、鼻《び》（嗅覚《きゅうかく》器官）、舌《ぜっ》（味覚器官）、身《しん》（＝皮膚、冷熱の触覚器官）、意《い》（思考力）は前五感官により得られた情報を処理する器官、今のわたくしたちからすれば「脳」だと考えて差しつかえない。
六、触《そく》。知覚判断は感官と対象との接触（触）より生ずるというのは、ブッダが明言して以来、ほとんどすべてのインドの哲学派に共通した説である。
七、受《じゅ》。感官と対象との接触により、外界の情報を受容することとなる。
八、愛《あい》。受容した情報（対象）に起こす執心《しゅうしん》（貪《むさぼ》りと瞋《いか》り）。
九、取《しゅ》。ウパーダーナ＝ウパ（自分の方に引き寄せて）アーダーナ（受け取る）こと。「愛」なる執心により欲しいものを手に入れる行動（嫌なものは遠去《とおざ》ける行動）に走ること。ブッダに百年先行するヤージュニャヴァルキヤが輪廻転生の原動力だとした善悪の行為（カルマ、業《ごう》）に相当する。
十、有《う》。バヴァ＝（輪廻の中にいる）生き物。「取」なる業《ごう》のゆえに人（生き物）は輪廻転生する生き物であることを余儀なくされるのである。
十一、生《しょう》。ジャンマン＝かくして輪廻転生する生き物としてこの世に生まれざるを（生まれ変わらざるを）得なくなる。
十二、老死。かくして輪廻転生に生きる生き物であるがゆえに、次から次へと苦しみ、愁い悲哀を味わい続ける破目に陥るのである。

## 十二因縁を順逆に観じたとはどういうことか

さて、このように、十二因縁（十二支縁起）は、無明から老死（＝苦）まで、計十二項目（支）が、因果関係の鎖をなしていることをいう。

本書第二章以来、繰り返し述べてきたことであるが、ゴータマ・ブッダは、成道《じょうどう》により、「すべてを知る者」となったのであるが、その「すべて」とは、知るべきものごとのすべてと、知る必要のないものごとのすべてと、その両者の境目と、それらを合わせたものである。そして、知るべきものごとのすべてとは、みずからの実存にとって苦である輪廻的な生存にまつわる経験的な事実のすべてと、それらが織りなしている因果関係の鎖のすべてとである。

因果関係の鎖は、ゴータマ・ブッダの教えを記した古い仏典を見れば一目瞭然《りょうぜん》のように、実際には無数にある。それを簡潔にまとめたものこそが、この十二因縁にほかならない。

念のために断っておくと、輪廻的な生存にまつわる経験的な事実が織りなす因果関係の鎖の数はおびただしくあるのだが、それらはもっとも簡潔にまとめれば十二項目になるということである。

逆にいうと、ゴータマ・ブッダは、成道のさいに繰り返し十二因縁を順逆に観じたのであるが、それは真実には、現実にみずからの実存に突きつけられている輪廻的な生存という苦と、その最終的な原因である根本的な生存欲（無明、癡、渇愛）とを結ぶ、すべての経験的な事実が織りなすすべての因果関係の鎖を、確実で疑いのないものであると見切り終わったということを意味する。

十二因縁説は後世に成立したものではない

ところが、少なからぬ著名な仏教学者たちは、ゴータマ・ブッダが成道のさいに十二因縁を順逆に観じたという話は、ゴータマ・ブッダが入滅して後の仏教徒が、パーリ律蔵の『マハーヴァッガ』を編纂《へんさん》するときに挿入したものであり、十二因縁説は、ゴータマ・ブッダが断片的に説いた縁起説（十二よりも小さい色々な数の支による縁起説）を、ずっと後世の仏教徒がまとめ上げて成立したものだという。

たしかに、『マハーヴァッガ』の当該の個所以外、どの古い仏典にも、十二因縁というまとまったかたちでの縁起についての説明はあまり出てこない。出てくるのは、十二因縁というまとまった形からすれば、きわめて断片的な因果関係の指摘ばかりである。

しかし、そうした、ゴータマ・ブッダが断片的に説いた縁起説をよく見てもらいたい。そうした縁起説には、最終的な原因である根本的な生存欲（無明、癡、渇愛）から輪廻的な生存という苦までを繋《つな》げたものはない。

もしもそのような仏教学者たちの説に従うならば、ゴータマ・ブッダは、根本的な生存欲と苦とを繋げて考えたことがないということになる。しかし、それならば、ゴータマ・ブッダは、なぜ「すべてを知る者」だと宣言したのであろうか。なぜゴータマ・ブッダは、成道によって修行が完成、終了し、「みずからの輪廻的な生存は止んだ」とか「なすべきことはなし終えた」などと頻繁に語っているのであろうか。「すべて」を知ることなく、ものごとを断片的にしかとらえていない者が、どうして目覚めた人、ブッダと自称することができたのであろうか。

つまり、十二因縁の説はゴータマ・ブッダよりもずっと後の時代になってまとめられたものだと主張する仏教学者の学説に忠実に従えば、ゴータマ・ブッダは、すべてを知ってもいないのにすべてを知ったと大言壮語し、修行を完成してもいないのに完成したと虚言を吐き、涅槃という究極的な平安にいたってもいないのに涅槃にいたったと妄言を恣《ほしいまま》にし、目覚めた人、ブッダになってもいないのに目覚めた人、ブッダになったと称して人心を惑わせたということになる。彼らは、ゴータマ・ブッダが仏教を開いた、その根拠となる天才的な独創性をほとんど理解していないといわざるをえない。

「ブッダは三支とか七支とかの十二支縁起（十二因縁）の元となるばらばらの因縁を説いた。そしてそれをまとめていき、最終的に十二支にまとめたのは後世の仏教徒であり、かつ此縁性《しえんしょう》というのはそれからさらに後に縁起の定式として掲げられるようになった」という仏教学者たちの見方は本末顚倒も良いところである。

ブッダは、無念無想を目指す思考停止型の瞑想《めいそう》に疑問を抱き、さらには苦行にも疑いを抱くようになる中で、輪廻転生の苦をもたらす本当の原因は、ヤージュニャヴァルキヤ以来想定されてきた欲望（努力すれば自ら手に取るようにわかる類のもの）のさらに奥に根本的な生存欲（無明、癡、渇愛）があることに気がついた。そののち、その根本的な生存欲がどのような経路で輪廻的生存の苦につながって行くのかを熟考する中で、釈迦族の国の御典医を務めたジーヴァカ――ブッダはこの医師をとても、尊敬していた――の診療方法に大いにヒントを得、此縁性という因果関係検証法――仮言命題を駆使する検証法――を発見し、かなり短時日とは言え猛烈な集中力を注ぎ込んで十二因縁を見出《みいだ》し、それに揺ぎない確信を持ったということで完全に目覚めた人、ブッダとなったのである。

十二因縁の全体像を弟子たちに見せることはほとんどなかったし、十二支の一々が何を指しているかとの説明も施さなかった。名医は、医学上の精密な病と治療のメカニズムを熟知していてそれで良いのであるが、この名医にかかる患者が名医と同じ専門知識を持たなければならないというわけではない。ブッダは「医王」とも呼ばれた。ブッダという名医は、みずからが探り当てた最新知識を得て現に目覚めた人ブッダとなられたし、そうなったことはズブの素人にも理解できることであった。

ゆえにブッダは、症状の確認、その病因の確定、その病因を取り除けば治ることの確認、そして具体的な治療法という構造を見事に持つ「四聖諦」の教えだけで弟子たちを導くのに十分だと確信したとすると、あらゆることに合点が行くのである。

## 十二因縁と四聖諦との関係

では、十二因縁説は、『マハーヴァッガ』の例の個所以外、古い仏典にはほとんど出ていない、かえって断片的な縁起説ばかりしかないというのは、どのように説明したらよいのであろうか。

話は簡単に済む。つまり、ゴータマ・ブッダは、十二因縁に代表される、無明から苦にいたる経験的な事実がおりなす因果関係の鎖を確認し終えたからこそ、成道にいたることができた。しかし、十二因縁は難解であったため、ゴータマ・ブッダは、それを弟子たちにまとめて説くことはせず、その時その場その相手ごとに、必要な部分だけをバラして説いた。

さらにいえることは、ゴータマ・ブッダは、初転法輪のさいに五比丘に苦楽中道、八聖道、四聖諦、非我（後で触れる）を説いたが、十二因縁をじかに説くことはしなかった。

それは、十二因縁の骨子は四聖諦のうちに含まれているし、また、十二因縁自体は、これを理解する人はいないだろうとゴータマ・ブッダが説法をためらったほど難解なものであり、弟子たちの修行徳目としてはふさわしくない、という教育的な配慮によるものである。すなわち、弟子が修行を行うとき、四聖諦の教えのほうが、十二因縁の教えよりも、はるかに実用的な価値があったということである。

じつは、十二因縁を順に観ずるということの省略形は、四聖諦の第二番目、苦集聖諦で示されており、また、十二因縁を逆に観ずるということの省略形は、第三番目、苦滅聖諦で示されていると見ることができる。

つまり、苦聖諦で示された苦の最終的な原因は渇愛（この場合は無明と同義と考えてよい）であること、渇愛を滅ぼせば苦も滅びるということ、これは、十二因縁の両端の項目だけを簡略に示したということになる。四聖諦説は、因果関係の鎖の始点と終点を押さえているのであるから、これは正しい教えであり、十二因縁説と矛盾することはない。また、十二支のすべてを挙げないことによって教えは簡潔となり、弟子の頭にきわめて入りやすい。しかも四聖諦説では、苦滅道聖諦がそれに後続し、八聖道という具体的な修行の本道が示されるわけであるから、教育的効果はいやましになろうというものである。

ゴータマ・ブッダにとって、「すべてを知る者」であることを疑いなく自覚するために繰り返し十二因縁を順逆に観ずる必要があったが、教えるときにはその省略形が入り、修行の道筋がはっきりと理解されやすい四聖諦説として教えたということである。

ゴータマ・ブッダは因果を説く

六師外道の一人として大きな教団を率いていたサンジャヤ・ベーラッティプッタには、サーリプッタ（舎利《しゃり》弗《ほっ》、舎利《しゃり》子《し》）とモッガッラーナ（目連《もくれん》、目犍連《もっけんれん》）との有能な高弟がいた。『マハーヴァッガ』によれば、ある日モッガッラーナが、アッサジというゴータマ・ブッダの弟子と出会った。モッガッラーナと問答を交わしたのち、アッサジは最後につぎの詩節を唱えた。

「もろもろの事象は原因より生ずる。健勝なるお方（如来＝ゴータマ・ブッダ）はその原因を説きたもう。諸々の事象の滅についても大沙門《しゃもん》（＝ゴータマ・ブッダ）は同様に説きたもう」

「縁起法頌《じゅ》」と呼びならわされているこの詩節を聞いたモッガッラーナは感激し、早速サーリプッタにそのことを話した。そして両人はゴータマ・ブッダのもとに走ってその弟子となり、サンジャヤの教団を捨てた。これをきっかけにして、サンジャヤの残りの弟子たちも仏教へと転向した。サンジャヤの教団から仏教に移った出家修行者の数は二百五十人にも及んだという。生まれてまだ日の浅い仏教にとってまことに大きな出来事であった。

このように、因果、縁起を詳細に説くというのが、ゴータマ・ブッダの教えを濃厚に彩る特徴であり、当時の仏教以外の出家修行者(外道)たちの目にも非常に強いインパクトを与えるものであった。

実際、古い仏典のどこを開いてみても、ゴータマ・ブッダは因果、縁起を説くことに熱心であった。四支縁起、九支縁起などでなく、二支縁起といってよいものならば、その例を枚挙するいとまがないほどである。

インド哲学には様々な流れがあるが、それらのすべてに顕著な傾向は何かといえば、それは、インドの哲学者たちは、因果関係の究明に驚嘆するほど熱心だということである。結果的に、こうした傾向を決定づけるについて最大級の功績を果たした人は誰かといえば、誰をおいてもゴータマ・ブッダの名を挙げざるをえない。それだけ、ゴータマ・ブッダが後のインドの哲学、思想界に及ぼした影響には大きなものがあったのである。

## 縁起なる因果関係を検証する方法（此縁性）の確立

『サンユッタ・ニカーヤ』などにおいて、此縁性（イダッパッチャヤター）と称される、縁起説（因果論）にとっての生命線ともいえることがらを示す詩節が説かれている。それはつぎのごとくである。

「これがあるときにかれが成立し、これが生ずることによりかれが生じ、これがないときにかれが成立することなく、これが滅することによりかれが滅する」

つまり、右のことが慎重の上にも慎重を期した検証の末間違いなく確かであると判断できたとき、「これ」が「かれ」の原因であると確定できる、ということである。

これは、のちに広くインド哲学で「肯定的・否定的検証法」（アンヴァヤ・ヴィヤティレーカ）と呼ばれる因果関係確認法と同じである。肯定的・否定的検証法とは、甲があるとき乙があり、甲がないとき乙がないことがいえれば、甲は乙の原因であると確定される、というものである。

インドの哲学、思想界の通念として、因果関係は前後時間的な関係である。

ところが、宇井伯寿博士は、この此縁性の詩節を根拠にして、縁起とは相依性《そうえ》のことであり、十二因縁は相依相関の関係を示したものであるとした。さらに博士は、相依相関の関係は同時因果の関係であり、論理的な関係であるとし、和辻哲郎博士もこの説に同調した。因果関係に「同時因果の関係」などはありえない。こうした理解は、因果関係というもの、論理関係というものに関する無知蒙昧《もうまい》から生まれたものであり、とてもまともなものだとは思えない。

宇井伯寿博士の奇妙な解釈は、おそらく、西暦紀元後二〜三世紀に大乗仏教で初めての学派である中観学派を開いたナーガールジュナ（龍樹《りゅうじゅ》）の論法に引きずられたものであろう。

すなわち、ナーガールジュナは、たとえば「父と子」「見る者と見られるもの」といった、相関関係にある二つの概念を提示し、これらは相互依存（同時に原因であり結果である）の関係にあるから、実在性を持たない、つまり空であると論じた。

ただ注意しなければならないのは、龍樹は、ことばが世界を創った、世界はことばの所産に他ならないというアーリヤ人の伝統的な生命感覚にもとづく唯名論の立場から概念の実在性を否定するために相互依存というタームを用いたのである。つまり、相互依存は論理的な過失である、また、同時に原因であり結果である（同時因果）というのも論理的な過失であると、龍樹は明快に論じていることである。龍樹は、相依性が縁起だなどと、一言もいっていないのである。宇井伯寿博士は、龍樹すらもいっていないことを根拠にして、十二因縁は同時因果関係、論理関係を示すと解釈したのである。まことに、論外中の論外である。

ちなみに、実存主義的な経験論者であるゴータマ・ブッダは、十二支縁起を無明から論理的に演繹《えんえき》して立てたのではなく、あくまでも此縁性を用いながら、徹底した観察《かんざつ》に基づく考察により経験的な事実として因果関係にあるのではと思われるものを因果関係にあると確認し、十二因縁を観じたのである。ゴータマ・ブッダは、演繹論理を用いて因果関係を論証したことは一度もない。ゴータマ・ブッダにとって、すべての因果関係は、みずからの実存に照らして観察、検証された法則にほかならなかったのである。

ちなみに、すでに述べたことと重複するが、ゴータマ・ブッダの縁起説は、あくまでも、輪廻的な生存という苦をもたらすものごとの因果関係の鎖をたどり、そして原因を滅ぼすことによって結果を滅ぼしていくという、きわめて実践的な問題に即して離れることがない。

ところが、『ミリンダ王の問い』から始まって、とくに大乗仏教にいたると、縁起説はものごとの無常性、無我性を立証するための根拠として用いられるようになった。

ゴータマ・ブッダは、「これは～を縁として起こったものであるから無常である」などといういかたはまったくしていない。透徹した実存主義的経験論者であるゴータマ・ブッダは、みずからの輪廻的な生存にまつわる事実が経験的に無常であるとわかったとき、ただ端的に無常だというのみであった。ものごと、それは、ゴータマ・ブッダにとっては、みずからの実存である輪廻的な生存にじかに関わるもの以外の何ものでもなかったのであるが、そのものごとが無常であるか否かは、じかの経験によってのみ判断されるもので、立証、論証されるものではまったくなかったのである。

つまり、ゴータマ・ブッダの縁起説は、『ミリンダ王の問い』や大乗仏教の縁起説とは発想の次元が完全に異なっているのである。この簡単明瞭《めいりょう》な事実を、ほとんどの仏教学者が正視することなく、両者をごちゃまぜにしている。ほとんどの仏教学者の縁起説理解は、まさに無明の闇に包まれているのである。

## 此縁性の発見は哲学史上の大事件

ところで、此縁性というのは、因果関係を確定するための定式的な検証法であり、こうしたものは、インド哲学史上、ゴータマ・ブッダ以前には伝えられてこなかったものである。つまり、此縁性は、ゴータマ・ブッダが、初めて発見ないし考案したきわめて独創的な理論なのである。

（インド哲学のどの文献を見ても、因果関係をめぐる議論にあふれかえっている。この点については、拙著『インド哲学七つの難問』（講談社選書メチエ）、およびわたくしと畏友石飛道子氏との共著『ビックリ！　インド人の頭の中　超論理思考を読む』（講談社）を参照されたい。）

ともあれ、インド哲学は、因果関係論というものによって濃厚に特色づけられているのであるが、そうした傾向の出発点をなす人物こそ、だれあろう、ゴータマ・ブッダだったのである。ゴータマ・ブッダの天才ぶりは、ここにも遺憾なく発揮されていることを見ることができる。

このように、此縁性という、因果関係を確定するための定式的な検証法は、ゴータマ・ブッダが初めて編み出したものであるから、当時の人々はまったく知らなかった。だからこそ、成道直後にゴータマ・ブッダが、世間の人々は理解してくれないだろうとして説法をためらった、まさにその理解されそうもないこととして具体的に挙げられているものこそ、この此縁性であった。

此縁性という考え方の発見、発案は、じつは、インド哲学史上だけでなく、世界の哲学史上、きわめて重大な事件だといえる。というのも、西洋哲学で最初に因果関係を確定するための定式的な検証法を提起したのは、イギリスの哲学者ジョン・スチュアート・ミルであり、それは何と十九世紀のことであった。彼が提起したのは「一致差異併用法」というものであるが、これは、此縁性を実質的に何ら超える考え方ではない。

ここにいたっていよいよはっきりしてきたが、わたくしが、くりかえしゴータマ・ブッダは「実存である輪廻的な生存にまつわる経験的な事実を徹底的に観察し、考察した」と書いた、その「考察した」ときにゴータマ・ブッダが用いた方法は、まさに此縁性だったのである。

ちなみに、ゴータマ・ブッダの此縁性は、「実存である輪廻的な生存にまつわる経験的な事実」のあいだの因果関係を確定する理論であったが、後世、おそらく紀元後五世紀の初頭のころの成立と思われるヴァイシェーシカ学派の『勝宗十句義論』(ダシャパダールティー)からインド哲学者が用いはじめた因果関係検証法(肯定的・否定的検証法、アンヴァヤ・ヴィヤティレーカ)が対象としたのは、実存の枠を超え、水がめの色など、物理的な宇宙の森羅万象であり、これがインド哲学の方法論の礎となっていったのである。

徹底考察型瞑想の核心

ブッダが出家となってまず携わったのは、アーラーラ・カーラーマ仙人やウッダカ・ラーマプッタ仙人が主唱する思考停止型(つまりいわゆる無念無想という、輪廻転生の原動力である善悪の業《ごう》を引き起こす欲望の停止状態を目指す）瞑想《めいそう》（パーリ語・サマタ、漢訳語で「止《し》」）であった。しかし、ブッダは、輪廻転生の原因を、いわば手に取るようにわかる欲望のさらに奥にある、生きることそのものを支える根本的な生存欲（無明、癡、渇愛）であると見抜くにいたった。そしてブッダは注意深い観察によって得られた経験的な事実のあり方を徹底的に考察する、新たにみずから開発した瞑想（観《かん》）に入り、その結果十二因縁に揺るぎない確信を得たことで目覚めた人ブッダになったのであるが、観の要はヴィタルカとヴィチャーラにあるとされ、ブッダが体系づけた四禅の要点とされた。ヴィタルカは漢訳では「尋」とされるが、これは、「詳細にわたって」（ヴィ）「仮言命題（〜ならば）を用いて検証すること」（タルカ）であり、まさにブッダが開発した此縁性という因果関係検証法にほかならない。ヴィチャーラ（漢訳では「伺《し》」とされる）は、そうやって確定された事実関係を実践上の課題としてしっかりと位置づけることにほかならないのである。「ヴィタルカ」を「粗い思考」、「ヴィチャーラ」を「細密な思考」といった風に訳すのが一般的であるが、これでは何のことかまったく分からない。

## 二　無常

## 苦は無常と絡まる

仏教のものの見方、修行は、この世（輪廻的な生存）が苦であることを正面から見据えることから出発する。しかし、では、苦がなぜ苦としてわれわれに突きつけられるのかと考えたとき、われわれが無常なものを無常なものときちんと認識していないことが、苦の原因であることに気づく。そのため、ゴータマ・ブッダ以来、仏教は無常ということをとりわけ強調する。

無常ということですぐにわれわれの脳裏に浮かぶのは、「諸行無常」ということばであろう。

じつは、このことばは、『マハーパリニッバーナ・スッタンタ』（パーリ涅槃経）などに見られるように、ゴータマ・ブッダが入滅したときに帝釈天《たいしゃくてん》（インドラ・サッカ）が唱えた詩節の冒頭の文句に由来しているのである。帝釈天の詩節とは、つぎのとおりである。

「まことにもろもろの作られたものは無常であり、
生じては滅びるきまりのものであり、
生じては滅びる。
まことにそれらの寂滅《じゃくめつ》が安楽である」

もっともポピュラーな漢訳では、つぎのようになっている。パーリ語原文とは意味にやや違いはあるが、やはりもっともポピュラーな訓読も添えておく。

「諸行無常《しょぎょうむじょう》　諸行は無常なり
是生滅法《ぜしょうめっぽう》　これ生滅の法
生滅滅已《しょうめつめつい》　生滅滅しおわり
寂滅為楽《じゃくめついらく》　寂滅楽となる」

ちなみに、これはわが国では今様歌《いまようか》となる。それはつぎのとおり。

「色は匂《にほ》へど散りぬるを
わが世たれぞ常ならむ
有為《うゐ》の奥山けふ越えて
浅き夢見じ酔《ゑ》ひもせず」

いうまでもなく、これはいろは歌である。

このように、無常ということばは、仏教では頻繁に用いられる。そして、説一切有部《せついっさいうぶ》の刹那滅《せつなめつ》（作られたもの＝有為法《ういほう》は生じては瞬時に消滅する）がわが国では曲解され、形而上学的な「すべての存在」までも意味するようになった。説一切有部は、虚空《こくう》など作られたのではないものは常住だとはっきり主張しているにもかかわらずに。

「諸行無常」とは、「およそ作られたもの（サンスカーラ、サンカーラ、行）は常ならざるものである」ということであり、「一切は常ならざるものである」ではまったくない。

ともあれ、ゴータマ・ブッダの場合、無常なものというのは、すべて、みずからの実存である輪廻的な生存という苦にまつわるものばかりであった。つまり、無常説というのは、後世のような形而上学的な主張ではまったくなかったのである。

そのことは、たとえば、『スッタニパータ』の「老い」という短い節を通読すればよくわかる。その全文はつぎのとおりである。

「八〇四　ああ短いかな、人の生命よ。百歳に達せずして死す。たといそれよりも長く生きたとしても、また老衰のために死ぬ。

八〇五　人々は『わがものである』と執著した物のために悲しむ。（自己の）所有しているものは常住ではないからである。この世のものはただ変滅するものである、と見て、在家にとどまっていてはならない。

八〇六　人が『これはわがものである』と考える物、――それは（その人の）死によって失われる。われに従う人は、賢明にこの理を知って、わがものという観念に屈してはならない。

八〇七　夢の中で会った人でも、目がさめたならば、もはやかれを見ることができない。それと同じく、愛した人でも死んでこの世を去ったならば、もはや再び見ることができない。

八〇八『何の誰それ』という名で呼ばれ、かつては見られ、また聞かれた人でも、死んでしまえば、ただ名が残って伝えられるだけである。

八〇九　わがものとして執著したものを貪り求める人々は、憂いと悲しみと慳みとを捨てることがない。それ故に諸々の聖者は、所有を捨てて行なって安穏を見たのである。

八一〇　遠ざかり退いて行ずる修行者は、独り離れた座所に親しみ近づく。迷いの生存の領域のうちに自己を現わさないのが、かれにふさわしいことであるといわれる。

八一一　聖者はなにものにもとどこおることなく、愛することもなく、憎むこともない。悲しみも慳みもかれを汚すことがない。譬えば（蓮の）葉の上の水が汚されないようなものである。
八一二　たとえば蓮の葉の上の水滴、あるいは蓮華の上の水が汚されないように、それと同じく聖者は、見たり学んだり思索したどんなことについても、汚されることがない。
八一三　邪悪を掃い除いた人は、見たり学んだり思索したどんなことでも特に執著して考えることがない。かれは他のものによって清らかになろうとは望まない。かれは貪らず、また嫌うこともない」

逆にいうと、わが身、愛する人、所有物、見たものごと、学んだものごと、思索したものごと、これらに執著し、愛著を持つ人は、それらが死んだり壊れたりすることによって憂い、悲しみ、苦しむ。つまり、無常で頼りにならないものを、あたかも常住で頼りになるものと錯覚するところから苦は生じ、われわれに突きつけられるのである。

無常なものを冷静に、端的に無常だと見て執著しないとき、われわれは真の安穏にいたる。と、こうした、あくまでもみずからの実存にかかわるかぎりの無常をよく観察することを、ゴータマ・ブッダは説いてやまないのである。

## 修行のための無常観

無常を観ずるのは、ただ無常なものに執著することに由来する苦を避けるためでなく、修行を促すためにも用いられた。この世は無常迅速である。寿命は限られており、明日の命の保証もない。今できることを今やらず、怠ることがあれば、かならずや後悔することになる。ゴータマ・ブッダが入滅の直前に遺《のこ》したことばは、まさにそのような戒めを述べたものである。それはつぎのとおりである。

「もろもろの事象は過ぎ去るものである。怠ることなく修行を完成しなさい」

このことばは、わが国の親鸞《しんらん》が詠んだという歌によく通ずるところがある。伝えるところによれば、親鸞は、まだ子供のときに青蓮院で得度ということになった。ところが師が得度は明日にしようといった。これに幼い親鸞はつぎの歌を詠み、その日のうちに得度したという。

「明日《あす》ありと思ふ心のあだ桜夜半《よわ》に嵐の吹かぬものかは」

けだし名言である。

## 無常に理由はない

ところで、西暦紀元前二世紀の歴史的事実を踏まえて作成された仏典『ミリンダ王の問い』のなかで、ナーガセーナ長老は、あるかたちの無我説論証に、縁起説を用いている。縁起なる（縁によって起きる）ものであるがゆえに無常なり、無我なりとする論法は、これ以降、仏教の常套《じょうとう》論法となるのだが、『ミリンダ王の問い』は、その論法が見られるおそらく最初の仏典のようである。

いうまでもなく、縁起説というのは、あるものは他のものに縁《よ》って生ずる、あるものは他のものの滅に縁って滅するというものの見方で、要するに因果論である。

仏教で最初に現れる縁起説は、ゴータマ・ブッダが目覚めた人、ブッダになったさいに順逆に観じた十二因縁である。その十二因縁というのは、みずからの実存である輪廻的な生存という苦にまつわるあらゆる経験的な事実を、ゴータマ・ブッダが徹底的に観察し、此縁性を用いて考察しつくしたすえに確認した因果関係の鎖のことである。

ゴータマ・ブッダは、これによって、輪廻的な生存の究極的な原因（無明、癡、渇愛）

を確認し、その究極的な原因を滅ぼすことによって最終的には輪廻的な生存が止み、涅槃、寂静の平安の境地が得られることを確認したのである。十二因縁というかたちでものごとを見る目的は、あくまでもそこにあった。

ところが、『ミリンダ王の問い』を皮切りに、後世の仏教徒たちは、縁起説を、そうした目的のためにではなく、輪廻転生する生き物であるおのが実存をめぐる諸事象間の因果関係を巡る話という枠を無雑作きわまりない乱暴さで打ち破り、ものごとが無常、無我であることを立証するという目的のために用いるようになった。

したがって、同じ「縁起説」といっても、ゴータマ・ブッダが用いた縁起説と、後世の仏教徒たちが展開する縁起説とは、似ても似つかないものなのである。

それにもかかわらず、ほとんどすべての仏教学者は、仏教の根本思想は縁起説である、縁起説によってこの世の事象の無常、無我が立証される、それはゴータマ・ブッダにまで遡《さかのぼ》る、と主張する。これはたいへんおかしな話である。

ともあれ、後世の仏教徒たちは、ものごとは自分自身によって（自己充足的に）成り立つものではなく、他のさまざまなものに条件づけられて成り立っているのであるから、固定的な本体を持たない、つまり無常であり、したがって無我であり、あるいは空（中身が空っぽ）であると主張する。

ところが、ゴータマ・ブッダは、「〜なるがゆえに無常なり」というような、無常の立証のようなことはまったくしていないのである。ゴータマ・ブッダは、経験的な事実を観察して、事実として無常なものをただ端的に無常であると指摘しているだけである。無常なものは、経験的な事実に照らして無常なのであり、なぜ無常なのかを語る必要はまったくない、と、このような姿勢でゴータマ・ブッダは一貫しているのである。

## 三　非我

五蘊（人格的個体を構成する五つの集まり）とは

『マハーヴァッガ』によれば、初転法輪において、五比丘を相手にゴータマ・ブッダは、まず苦楽中道を、そして四聖諦を説いた。その直後、コーンダンニャを皮切りに、五比丘はつぎつぎとゴータマ・ブッダの弟子となった。ゴータマ・ブッダは、無常観を補完するものとして五蘊非我の教えを説いた。これによって五比丘はすべてを知り、最終的な平安にいたった。

五蘊というのは、われわれがふだん「自己」だと見なしがちなみずからの人格的個体を、五つの集まりに分析していったものである。その五つの集まりとは、色かたちの集まり

（色《しき》蘊）、感受作用の集まり（受蘊）、表象識別作用の集まり（想蘊）、記憶力などの作用の集まり（行《ぎょう》蘊）、判断作用の集まり（識蘊）である。その一いちを簡単に説明すれば、つぎのようである。

一、色かたち（ルーパ）の集まり。色かたちというのは、わかりやすくいえば、人格的個体のうち、目に見えるものである身体のことである。みずからの身体を指してわれわれは「わたくし」ということが多い。つまり、とくに意識的に反省しないとき、われわれは身体を自己だと見なしているのである。

しかし、ではははじめから「身体」といっておけばよいのではと思うかもしれないが、ゴータマ・ブッダは、今まで詳しく述べてきたように、経験論に立つ。その経験論を認識の場で展開させると、認識論的現象主義となる。

たとえば、目の前に茶色の机があるとする。ゴータマ・ブッダ以来、基本的に仏教は認識論的現象主義に立つので、視覚として捉《とら》えられるものは、茶色という色と四角形というかたちだけだと主張する。そして、それに「机」という実体概念を与えるのは、記憶からの想起などにもとづく思考の作用であり、「机」という実体なるものは、けっして知覚の対象とはなりえない、というのである。

はるか後世の仏教徒になると、この現象主義を存在論においても展開するようになる。すなわち、彼らは、「机」という実体概念は妄分別（＝無明）の所産にすぎず、実在性を持たないと主張するようになる。しかし、ゴータマ・ブッダは、「机」は知覚の対象とはなりえないといっているだけで、それが実在性を持たないなどという、形而上学的な見解を抱いていたのではない。後世の仏教徒たちは、ゴータマ・ブッダの経験論を、表面的にしか理解できなかったということである。

二、感受作用（ヴェーダナー）の集まり。感受作用というのは、感官によって外界の情報が取り込まれることをいう。後世の仏教徒が狭い意味で「知覚」というときには、この感受作用の段階だけを指す。この狭い意味での「知覚」は、いまだ概念化されておらず、したがってまた言語化されていない。ゴータマ・ブッダはまったくそのようなことはいっていないが、のちの仏教はこれを無分別知であるとし、これのみが正しい認識であり、概念化され言語化された有分別知は、正しい認識ではなく、すでに無明に属するのだという。

三、表象識別作用（サンニャー）の集まり。表象識別作用というのは、たとえば視覚でいえば、視覚野にベタ一面に入ってきた視覚情報を、ベタの状態から区画整理された状態にすること（輪郭線を描くこと）である。言語学者のいいかたでいえば、分節化というものに相当すると考えてよい。この段階では、まだ識別された個々のものに、名称は与えられていない。

少なからぬ仏教学者は、この「サンニャー」を「表象作用」と訳しているが、「表象識別作用」のほうがはるかにわかりやすい訳語だと思う。

四、記憶力などの作用（サンカーラー、常に複数形で示される）の集まり。「サンカーラー」には、物理的なものとメンタルなものとがあるが、ここでは明らかにメンタルなものである。したがって、インドにおける一般的なものの見方からすると、それは、記憶力とかそこから生ずる想起作用のことをいう。

ただ、仏教では、感受作用、識別作用、判断作用以外の心の作用をすべてサンカーラーに収めるならいになっている。つまり、記憶力だけでなく、意思、意向、意志などの心の作用もここに入ることになる。そのため、仏教学者たちは、割合安直に、五蘊のなかに出てくる「サンカーラー」を「意志作用」と訳すことが多い。

しかし、感受作用、識別作用と判断作用との中間に「サンカーラー」が置かれている状況からいうと、やはり重要になるのは記憶力だということになる。すなわち、前の段階で識別された個々のものを、過去の記憶に照らして、それに名称を与えるというのが、ここでいう「サンカーラー」だと見ると、話の流れがよくわかる。よって、わたくしは、「記憶力などの作用」と、どうしても訳したいわけである。

五、判断作用（ヴィンニャーナ）の集まり。こうして知覚され、識別され、名称づけられてはじめて、たとえば「これは机である」という判断が下されることになる。認識論（知覚論）の終点こそが、この判断作用なのである。

これを「識別作用」と訳す人が多いが、誤解のもとである。「識別作用」は、三番目の「サンニャー」にこそふさわしい訳語である。「これは机である」という判断は、言語化された（verbalized）知識であるから、後世の仏教徒たちは、これを分別知と呼び、狭い意味での「知覚」から排除した。

五蘊非我の教え

さて、五比丘への初転法輪の最後に、ゴータマ・ブッダは五蘊非我（人格的個体を構成する五つの集まりのいずれも常住不変の自己、すなわちアッタン、アートマンではない）の教えを説く。そのすべては、パーリ律蔵所収の『マハーヴァッガ』（大品《だいほん》）によれば以下の通り。

「三八　さて、幸あるお方（世尊、ゴータマ・ブッダ）は、五比丘に告げた。『色かたちは自己ならざるものである。というのも、比丘たちよ、もしもこの色かたちが自己であるならば、この色かたちは病をもたらすことはないであろうし、だからまた色かたちについて、わたくしの色かたちはこのようであって欲しい、わたくしの色かたちはこのようであって欲しくない、というような状況が得られるであろう。しかし、比丘たちよ、色かたちは自己ならざるものであるから、色かたちは病をもたらすし、だからまた色かたちについて、わたくしの色かたちはこのようであって欲しい、わたくしの色かたちはこのようであって欲しくない、というような状況は得られない。

三九　感受作用は自己ならざるものである。というのも、比丘たちよ、もしもこの感受作用が自己であるならば、この感受作用は病をもたらすことはないであろうし、だからまた感受作用について、わたくしの感受作用はこのようであって欲しい、わたくしの感受作用はこのようであって欲しくない、というような状況が得られるであろう。しかし、比丘たちよ、感受作用は自己ならざるものであるから、感受作用は病をもたらすし、だからまた感受作用について、わたくしの感受作用はこのようであって欲しい、わたくしの感受作用はこのようであって欲しくない、というような状況は得られない。

四〇　表象識別作用は自己ならざるものである。……（略）……記憶力などの作用は自己ではない。というのも、比丘たちよ、もしもこの記憶力などの作用が自己であるならば、この記憶力などの作用は病をもたらすことはないであろうし、だからまた記憶力などの作用について、わたくしの記憶力などの作用はこのようであって欲しい、わたくしの記憶力などの作用はこのようであって欲しくない、というような状況が得られるであろう。しかし、比丘たちよ、記憶力などの作用は自己ならざるものであるから、記憶力などの作用は病をもたらすし、だからまた記憶力などの作用について、わたくしの記憶力などの作用はこのようであって欲しい、わたくしの記憶力などの作用はこのようであって欲しくない、というような状況は得られない。

四一　判断作用は自己ならざるものである。というのも、比丘たちよ、もしもこの判断作用が自己であるならば、この判断作用は病をもたらすことはないであろうし、だからまた判断作用について、わたくしの判断作用はこのようであって欲しい、わたくしの判断作用はこのようであって欲しくない、というような状況が得られるであろう。しかし、比丘たちよ、判断作用は自己ならざるものであるから、判断作用は病をもたらすし、だからまた判断作用について、わたくしの判断作用はこのようであって欲しい、わたくしの判断作用はこのようであって欲しくない、というような状況は得られない』

四二『比丘たちよ、どう思うか、色かたちは常住であろうか、無常であろうか』

『尊師よ、無常です』『無常のものは苦であろうか、楽であろうか』『尊師よ、苦です』『無常であり、苦であり、変壊をきまりとするものを見て、これはわたくしのものである、わたくしはこれである、これはわたくしの自己であると考えるのは適当であろうか』『尊師よ、そうではありません』

四三『感受作用は……（略）……表象識別作用は……（略）……記憶力などの作用は……（略）……判断作用は常住であろうか、無常であろうか』『尊師よ、無常です』『無常のものは苦であろうか、楽であろうか』『尊師よ、苦です』『無常であり、苦であり、変壊をきまりとするものを見て、これはわたくしのものである、わたくしはこれである、これはわたくしの自己であると考えるのは適当であろうか』『尊師よ、そうではありません』

四四『それゆえ比丘たちよ、過去、未来、現在のすべての色かたち、すなわちあるいは内の、あるいは外の、あるいは粗大な、あるいは微細な、あるいは劣った、あるいは勝れた、あるいは遠い、あるいは近いすべての色かたち、これはわたくしのものではない、わたくしはこれではない、それはわたくしの自己ではないと、このようにあるがままに（如実に）正しい智慧をもって知見すべきである。

四五　過去、未来、現在の感受作用……（略）……表象識別作用……（略）……記

憶力などの作用……（略）……判断作用、すなわちあるいは内の、あるいは外の、あるいは粗大な、あるいは微細な、あるいは劣った、あるいは勝れた、あるいは遠い、あるいは近いすべての判断作用、これはわたくしのものではない、わたくしはこれではない、それはわたくしの自己ではないと、このようにあるがままに（如実に）正しい智慧をもって知見すべきである。

四六　比丘たちよ、多聞《たもん》の聖なる声聞《しょうもん》がこのように見るならば、彼はまた色かたちを厭《いと》い、また感受作用を厭い、また表象識別作用を厭い、また記憶力などの作用を厭い、また判断作用を厭う。厭うたならば欲を離れる。欲を離れたならば解脱する。解脱したならば、わたくしは解脱したという知識が生じ、生は尽きた、清らかな行い（梵行《ぼんぎょう》）にすでに住した、なすべきことはなしおえた、さらなるこのような（輪廻的な生存という）状態はない、と正しく知ることになる』

四七　幸あるお方（世尊《せそん》）はこのように説いた。五比丘は意を得て幸あるお方のことばに歓喜した。さらにまたこの教えが説かれているとき、五比丘は執著を離れ、その心はもろもろの漏（煩悩《ぼんのう》）から解脱した。まさにそのとき、尊敬を受けるに値する人（阿羅漢《あらかん》）は世間で六人となった」

非我は無我ではない

五蘊（すなわち身体と心）は、そのどれをとっても無常であるから、常住の自己ではない。身体や心を自己と見誤ることがなく、それらへの執著を断ち切れば、ついには解脱にいたり、輪廻的な生存は完全に終わりを告げる。

この考え方は、すべてにわたってゴータマ・ブッダの独創になるというわけではなく、西暦紀元前七世紀の哲学者ヤージュニャヴァルキヤの自己（アートマン）をめぐる議論を継承したものである。

ブッダより約百年前に、ブッダが活躍した地域から程遠からぬ地域で活躍したバラモン階級出自の哲学者ヤージュニャヴァルキヤは、もとは生き物を生き物たらしめる生命原理と見なされた気息《きそく》を原義としていたらしい「アートマン」（自己、再帰的な自身、漢訳で「我《が》」）の本質を認識主体であるという一点に絞り、かつ生きていれば無数に手に入る認識対象情報を統合する自己同一性（アイデンティティー、「世界がばらばらにならないようにつなぎとめる橋」の役割を果たすもの）を成り立たせるもの、つまり認識主体だと規定した。

そしてヤージュニャヴァルキヤは世界初の体系立った認識論哲学を展開する中で、「認識主体はまさに認識主体であるがゆえに認識対象たり得ない」との自己をめぐる重大な命題を立てるにいたった。確かに、「認識主体である自己を捉えた」として、そのとき自己を捉える認識主体は何であろうか。後世、このことは「刀は自らを切れない」という譬《たと》えで語られるようになった。

ということは、自己は認識対象たる世界の森羅万象とはまったく別格のものであることになる。自己は言ってみれば「世界外存在」である。したがって、自己は経験的に知り得ないものであるがゆえに語り得ないものであり、また執著（我執）の対象たり得ないということになる。

認識対象である世界の森羅万象は一つとして自己ならざるものである、という結論が導き出されるのは理の当然だということになる。しかし、身体と心とのいずれも自己ではない、つまり五蘊非我ということに強いスポットライトを当てた点は、ゴータマ・ブッダの偉大な功績だったといってよい。

身体や心が本当の自己ではない、身体や心と本当の自己とを明確に弁別しなければならないというこの考えは、後に成立したヒンドゥー教側のさまざまな哲学体系でも、もっとも重要な論点の一つとして継承された。

すでに詳説したが、ゴータマ・ブッダは、実存主義的な経験論の立場に立っており、経験的に明瞭《めいりょう》に知られる事実を出発点としない、いわゆる形而上学的な哲学議論には、みずから口を閉ざし、また、弟子たちにも、そのような果てしない水掛け議論に関わって修行がおろそかになることを強く戒めた。

ゴータマ・ブッダは、ふだんの話のなかでは「自己」ということばを何のためらいもなく用いたが、こと自己をめぐる形而上学的な質問には、沈黙をもって対応した。

こうしたことを総合的に勘案してみれば明白なように、ゴータマ・ブッダは、五蘊は自己ではないといったが、自己とは何かという質問には沈黙するのみであった（自己は認識主体であるがゆえに認識対象たりえず、ゆえにまた言語表現され得ないという、ヤージュニャヴァルキヤの所説を承《う》けていると考えれば極めて当然のことであるが）。そして重要なのは、「自己は存在しない」（無我）とは一言も語ったことがない、ということである。

ところが、ゴータマ・ブッダが入滅してから後いつのころからか、五蘊のいずれも自己でないならば、そもそも自己なるものは存在しないのだとする、乱暴なことに、きわめて形而上学的な無我説という主張が現れ、やがて同様に形而上学的な、すべては空であるという主張が現れるようになった。それも、気分としてでなく、理論としてそうした主張は展開されたのである。

ゴータマ・ブッダの経験論の心髄は、ついに後世の仏教徒たちにはわからなくなってしまったのである。「仏教は無我にて候《そうろう》」も結構だが、そして、無我説こそが「正しい」仏教の中核だといっても結構だが、少なくともゴータマ・ブッダ、最初期の仏教は、そのような見解に立つものではなかった。（気分ではなく理論としての本格的な無我説が見られる最初の仏典は、おそらく『ミリンダ王の問い』である。その議論をここで紹介するのは本書の本意ではない。それについては、拙著『インド哲学七つの難問』の「第四問　無我説は成り立つか？」を参照していただきたい。）

かなり多くの仏教学者たちは、「ウパニシャッドの哲人たち（とくにヤージュニャヴァルキヤ）はあるはずもない自己（アートマン）に執著していた。ブッダの革新性は、ウパニシャッドの哲人たちの迷妄を撃破したことにある」としばしば論ずる。しかし思い返しても見よう。ヤージュニャヴァルキヤは自己は執著の対象たり得ないと明快に断じている。そしてブッダは、「五蘊」が我執という根本的な執著の対象であることを強調するため、しばしば「五取蘊」という言い方をしている。「執著（我執）にもとづく行為（ウパーダーナ、「取《しゅ》」）の対象である身心」ということなのであり、ここに自己は無いという主張のかけらすらない。かけらすらないものをあるとした後世の仏教徒がもたらした混乱にはすさまじいものがあると、わたくしにはそうとしか見えない。

## 否定されない自己と否定される我執

はるか後世の無我説では、自己（アッタン、アートマン、漢訳で「我」）は存在しないとされるが、ゴータマ・ブッダはそのような考えと無縁であると述べた。

じっさいのところ、ゴータマ・ブッダは、自己の存在を否定するどころか、自己を肯定的に扱って語ることも多かった。

その具体例としてもっとも有名なのは、『マハーパリニッバーナ・スッタンタ』（パーリ涅槃経）二・二六にある、つぎの教えであろう。


「それゆえに、この世で自己を島（中洲＝彼岸へ渡るための手がかり）とし、自己をたよりとして、他人をたよりとせず、正しい教え（法）を島とし、正しい教えをよりどころとして、他のものをよりどころとせずにあれ」


ゴータマ・ブッダのことばは、師ゴータマ・ブッダがいよいよ命終《みようじゆう》を迎えることがわかって不安を訴えるアーナンダに向かって語られたものである。

アーナンダは、いまだ師から教わっていないことがあるのではないかと不安を訴えた。それにたいしてゴータマ・ブッダは、自分には、誰かには教えるが別の人には教えを隠す「教師の握り拳《こぶし》」は存在しないと説き、その不安を取り除いた。当時、とくにバラモン教系哲学者たちの間では、教師の窮究の教えは公開されることなく、特定の実力のある弟子だけへの秘密の教えとして伝えられる傾向が強かったのである。そして右のことばへとつながるのであるが、そのことばの前に、ゴータマ・ブッダはつぎのようにも語っている。

「しかし、向上につとめた人は『わたくしは修行僧のなかまを導くであろう』とか、あるいは『修行僧のなかまはわたくしに頼っている』とか思うことがない」

このことばは、この文脈では、修行僧にとって重要なのは、師である「わたくし」ではなく、あくまでも修行僧自身の自己と、今まで語られた正しい教えだけである、ということをいわんとしている。

ただ、ゴータマ・ブッダは、「わたくしは導かない」「わたくしは教えを説かない」というたぐいのことばをよく発している。それによってゴータマ・ブッダは、自分には、自己とか自己のものとかということについての、我執という執著がない、といっているのである。

すべての執著は我執に貫かれている。すなわち、執著を離れることと我執を離れることとは同義だといってもよい。そのような趣旨のことを語るゴータマ・ブッダのことばは、枚挙にいとまがないほど多い。ここでは、『スッタニパータ』の二つの詩節を紹介してそれらを代表させることにしたい。

「一〇六八　師は答えた、

『ドータカよ。上と下と横と中央とにおいてそなたが気づいてよく知っているものは何であろうと、——それは世の中における執著の対象であると知って、移りかわる生存への妄執をいだいてはならない』と」

「一一一九（ブッダが答えた）、

『つねによく気をつけ、自己に固執する見解をうち破って、世界を空なりと観ぜよ。そうすれば死を乗り超えることができるであろう。このように世界を観ずる人を、〈死の王〉は見ることがない』」

すぐ右の詩節に、「世界を空なりと観ぜよ」とある。いわゆる空観であるが、これは、大乗仏教で最初の学派を興したナーガールジュナ（龍樹）がいうような、「縁起なるがゆえに無常であり、本体を欠いており（無自性《むじしょう》）、空である」という、理論的な空思想とは隔絶している。

ゴータマ・ブッダは、この世のものごとを、空だと見よ、幻だと見よ、虚妄《こもう》だと見よとしばしば語っている。しかし、ゴータマ・ブッダは、みずからの実存とかかわりのない形而上学的な理論には見向きもしない透徹した経験論者である。つまり、ゴータマ・ブッダは、形而上学的な理論としての空論、幻影論を説く人ではなく、空だ、幻だ、虚妄だとものごとを見なすことによって弟子たちをこの世のものごとへの執著から離れさせるという、教育、実践に即した配慮から一歩も出ないのである。

ゴータマ・ブッダを空論者、幻影論者と呼んでもかまわないが、それは理論的な空論者、幻影論者ではなく、あくまでも実践的な「気分」(mood, Gemüt) としての空論者であり、幻影論者であったというべきである。

無我説、空論は、理論としては成り立たないとわたくしは考えるが、その一方で、気分としての無我説、空論は有効だと考える。いかなる美女が悩殺の姿態で目の前に現れようとも、ただの幻でしかないと、気分の上で見なすことができれば、その美女という対象への執著、妄執は、少なくとも一応男であるわたくしには生じない。

鴨長明《かものちょうめい》が『方丈記《ほうじょうき》』のなかで、

「仏の教へ給《たま》ふおもむきは、事に触れて、執心《しゅうしん》なかれとなり」

と語っているが、これは、ゴータマ・ブッダの根本姿勢を的確に指し示す名言であるとわたくしは考える。

# 第六章　非人情、すなわち哲学

## 一　ただ独り

### 人情との訣別

ゴータマ・ブッダは沙門《しやもん》、すなわち非バラモン教系の出家であった。出家は、世俗の価値観を否定する。世俗で善しとされ重んぜられるものをも否定する。成道《じようどう》にいたるまで、ゴータマ・ブッダは厳格な反世俗主義を貫いた。そして、ゴータマ・ブッダは、戒律について実際主義（プラグマティズム）で対応したけれども、弟子たちに、世俗の価値に沿うように考えたり行動したりすることを堅く禁じたことに間違いはない。

世俗で善しとされ重んぜられるもの、それは一口でいえば人情である。それは親子の情であり、夫婦愛であり、兄弟の絆《きずな》であり、友情であり、性愛（エロス）であり、そして、それらの絡み合いのなかで世俗生活を営むにあたって、それを物質的に支える財産への常識的な執著《しゆうじやく》である。

それらをひっくるめて「人情」と命名するとして、したがってゴータマ・ブッダは、模範的な出家として、人情をことごとく否定してかかる。

その「非人情」ぶりを直線的に示すことばが、『スッタニパータ』第一章の三「犀《さい》の角」に連ねられている。これを追うことにしよう。

「三五　あらゆる生きものに対して暴力を加えることなく、あらゆる生きもののいずれをも悩ますことなく、また子を欲するなかれ。況《いわ》んや朋友をや。犀の角のようにただ独り歩め。

三六　交わりをしたならば愛情が生ずる。愛情にしたがってこの苦しみが起る。愛情から禍いの生ずることを観察して、犀の角のようにただ独り歩め。

三七　朋友・親友に憐れみをかけ、心がほだされると、おのが利を失う。親しみにはこの恐れのあることを観察して、犀の角のようにただ独り歩め。

三八　子や妻に対する愛著は、たしかに枝の広く茂った竹が互いに相絡むようなものである。筍が他のものにまつわりつくことのないように、犀の角のようにただ独り歩め」

「観察《かんざつ》」とあるのは、感情という名の人情に曇らされない知性のまなこをもって、みずからの実存にまつわる経験的な事実を繰り返し繰り返し徹底的に見つめ通す修行のことをいう。修行に怠ることなく専心することを「精進《しょうじん》」といい、八聖道《はっしょうどう》の一つに数えられるほど仏教では重視されるが、その原語「ヴィリヤ、ヴィーリヤ」は、勇者（ヴィーラ）の勇者たるゆえん、すなわち鉄の勇気を本来的に意味する。知性は鉄の勇気を必要とし、また鉄の勇気も知性を必要とする。鉄の勇気に支えられない知性は臆病《おくびょう》に傾き、知性に支えられない鉄の勇気は無謀へと傾く。

知性のまなこを磨くためには、非人情に徹しなければならない。しかし、非人情に徹するということは、人情で成り立つ世間のなかで絶対的に孤立することであるから、人間としてたいへん恐ろしいことであり、鉄の勇気の支えがなければ不可能である。

しかし、非人情に徹したとき、人は何ものにも束縛されることがない。ここにこそ、安《あん》心立命《じんりゅうみょう》の独立自由が生ずる。だからこそ、『スッタニパータ』はいう。

「三九　林の中で、縛られていない鹿が食物を求めて欲するところに赴くように、聡明な人は独立自由をめざして、犀の角のようにただ独り歩め」

ここでいう「聡明な人」とは、もはやいうまでもなく、知性に徹した人のことである。

「四〇　仲間の中におれば、休むにも、立つにも、行くにも、旅するにも、つねにひとに呼びかけられる。他人に従属しない独立自由をめざして、犀の角のようにただ独り歩め」

他人に従属しない独立自由は、したがって、みずからをほだす他人への愛情との訣別《けつべつ》によって得られる。しかしそれは、並たいていのことではない。そこで、

「四一　仲間の中におれば、遊戯と歓楽とがある。また子らに対する情愛は甚だ大である。愛しき者と別れることを厭いながらも、犀の角のようにただ独り歩め」

「五〇　実に欲望は色とりどりで甘美であり、心に楽しく、種々のかたちで、心を攪乱する。欲望の対象にはこの患いのあることを見て、犀の角のようにただ独り歩め。

五一　これはわたくしにとって災害であり、腫物《はれもの》であり、禍《わざわい》であり、病であり、矢であり、恐怖である。諸々の欲望の対象にはこの恐ろしさのあることを見て、犀の角のようにただ独り歩め」

ゴータマ・ブッダは、しばしば、煩悩《ぼんのう》を簡潔に「貪瞋癡《とんじんち》」（の三毒）としてまとめている。貪はものごとを手に入れようとする積極的な欲望（貪欲）であり、瞋はものごとから逃げようとする消極的な欲望（嫌悪）であり、癡（迷妄）は、それらがよって起こってくる原因、つまり根本的な生存欲（無明《むみょう》、渇愛《かつあい》ともいう）である。これらから完全に離れきるためには、命を捨てる覚悟さえもなければならないという。そこで、

「七四　貪欲と嫌悪と迷妄とを捨て、結び目を破り、命を失うのを恐れることなく、犀の角のようにただ独り歩め」

このように、世俗的なものごとへの執著を断ち切り、人情が絡みついた人間関係をすべて放棄せよとはいえ、修行のためになる人物であれば、むしろ進んで彼を朋友《ほうゆう》として受け入れるべきだとも、ゴータマ・ブッダはいう。たとえば、

「四五　もしも汝が、〈賢明で協同し行儀正しい明敏な同伴者〉を得たならば、あらゆる危難にうち勝ち、こころ喜び、気をおちつかせて、かれとともに歩め」

「四七　われらは実に朋友を得る幸を讃め称える。自分よりも勝れあるいは等しい朋友には、親しみ近づくべきである。このような朋友を得ることができなければ、罪過《つみとが》のない生活を楽しんで、犀の角のようにただ独り歩め」

じっさい、ゴータマ・ブッダは、苦行時代に、五比丘《びく》を修行仲間としていた。そして、苦行を捨ててからのほんのわずかのあいだの別離ののち、ゴータマ・ブッダが最初に教えを説く相手として選んだのは、ほかならぬその五比丘であった。ゴータマ・ブッダの最初の教えだけで、五比丘はみな、たちどころに最終的な平安の境地（涅槃《ねはん》、寂静《じゃくじょう》）にいたるをえた。五比丘は、ゴータマ・ブッダが見込んだだけのことのある、まことに勝《すぐ》れた朋友だったのである。

## 二　無関心

### 修行としての慈悲行

世間では、キリスト教など、他の宗教と対比させつつ、仏教の大きな特徴の一つは、それが慈悲を強調することだ、という理解がある。大乗仏教になると、慈悲は極端に肥大化し、菩薩《ぼさつ》たるものは、慈悲にもとづく利他行が完成するまでは、あえて目覚めた人、ブッダにはならない（自未得度先度他《じみとくどせんどた》）という決意をもつのが理想とされる。また、超越的な仏や菩薩の宏大無辺の慈悲にすがることで、すべての衆生《しゅじょう》が救われるのだともいう。

たしかに、慈悲は、ゴータマ・ブッダが、折りにふれ口にするものであった。また、ゴータマ・ブッダ自身、苦行を修していたときにも、「慈悲行」を併《あわ》せ行っていた。『スッタニパータ』の「慈しみ」という節の後半には、つぎのようにある。

「一四八　何ぴとも他人を欺いてはならない。たといどこにあっても他人を軽んじてはならない。悩まそうとして怒りの想いをいだいて互いに他人に苦痛を与えることを望んではならない。

一四九　あたかも、母が己が独り子を命を賭けても護るように、そのように一切の生きとし生けるものどもに対しても、無量の（慈しみの）こころを起すべし。

一五〇　また全世界に対して無量の慈しみの意を起すべし。上に、下に、また横に、障害なく怨みなく敵意なき（慈しみを行うべし）。

一五一　立ちつつも、歩みつつも、坐しつつも、臥しつつも、眠らないでいる限りは、この（慈しみの）心づかいをしっかりとたもて。

この世では、この状態を崇高な境地と呼ぶ。

一五二　諸々の邪《よこし》まな見解にとらわれず、戒を保ち、見るはたらきを具えて、諸々の欲望に関する貪りを除いた人は、決して再び母胎に宿ることがないであろう」

多くの人は、ここに、大乗仏教的な慈悲思想を読みとるのであるが、それは違う。まず、怨《うら》みの心を起こさず、かえって無量の慈しみの心を起こし、誰にたいしても柔和《にゅうわ》な態度でいよというのは、非常に現実的な心構えであったことを理解しておかなければならない。どういうことかというと、本書第一章で述べたように、ゴータマ・ブッダの時代には、保守的なバラモン階級の人々をはじめとして、少なからぬ人々が、出家という、反社会的な存在を認めようとしなかった。彼らは、出家を非難したり、罵《ののし》ったり、挑発したり、誘惑したり、からかったり、嫌がらせをしたりした。出家にとって、こうした人々にどう対処したらよいのかは、きわめて現実的に切実な問題だったのである。最初期の仏典に「悪魔」として登場するのは、ほとんどがこうした人々であった。

（前にも触れたが、最初期の仏典に出てくる「悪魔」の話を、煩悩を人格化した譬喩《ひゆ》的、象徴的な話だとする解釈は間違いである。その解釈は、はるか後に作成された仏伝に出てくる「悪魔」の解釈としては有効なところもあるが。）

出家はこれに耐え、どのようなことがあっても怒り、怨み、敵愾心《てきがいしん》をいだいてはならない。なぜなら、それらは、知性を貶《おとし》めるもっとも有害な煩悩（人情）だからである。だから、そういった自分にとって迷惑な人にこそ、無量の慈しみの心を起こすというのは、並みたいていのことではないのである。だからこそまた、こうした慈悲行は、苦行の一環として位置づけられたのである。慈悲行は、たいへんむずかしいのである。

無関心とインド哲学

慈悲ということでさらにいえば、ゴータマ・ブッダの時代から、仏教では、出家修行者の心構えとして、「四無量心」ということが説かれている。それは、つぎのとおりである。

一、慈無量心。生きとし生けるものを慈しむ、無量の心。
二、悲無量心。深く相手に同情する、無量の心。
三、喜無量心。他人の喜びをみずからの喜びとする、無量の心。
四、捨無量心。自他にたいして根本的には無関心の態度をとる、無量の心。

「慈」「悲」「喜」というのは、そのまま何の条件もつけなければ、えてして人情絡みになり、執著心と区別がつけられない事態に陥りやすい。そこで必要なのが「捨」（ウペッカー、ウペークシャー）である。「捨」というのは、「無関心」を意味する。先ほどからの文脈からいえば、これは徹底した「非人情」にほかならない。

西暦紀元前八〜七世紀にかけて、純朴な学匠ウッダーラカ・アールニが、そしてつづいて天才肌のヤージュニャヴァルキヤが、インド哲学の基礎を打ち立てた。

ウッダーラカ・アールニは、世界の本源は「ただ有る」としかいえない根本的実在ただ一つであるとし、世界の雑多性をただ名のみのものだと解した（唯名論的存在論）。

ヤージュニャヴァルキヤは、自己は世界の外にあり、認識できないことを本質とする、そして、自己にとって世界は何の意味も持たないと喝破し（存在論としては唯名論に立ちながら、世界で最初に認識論哲学を築いた）、出家となった。

ゴータマ・ブッダは、自己についての形而上学的な考察を拒否し、みずからの実存（＝苦である輪廻《りんね》的な生存）にのみ考察を集中させることによってむしろ世界を関心の外に置き、実存をいわば全裸状態に置いて見据える道を、はじめて切り開いた。

わたくしは、本書で何回もゴータマ・ブッダの実存主義に言及してきた。しかし、誤解しないでいただきたい。ゴータマ・ブッダは、二〇世紀に現象学を基礎にした実践哲学として西洋に生まれた実存主義の守備範囲に立てこもったのではなく、実存主義を方法として実存を超越することに成功した人物なのである。つまり、生と死とを徹底的に直視しつづけたすえに生と死とを超越したということである。直視から超越へ、この転換を可能にするものこそ、世界への究極の無関心（＝非人情）であった。

ゴータマ・ブッダが無関心で人類未到の境地に達しえたことは、インド哲学史の上において、まさに画期的なことであった。ゴータマ・ブッダ以降に登場した数々の哲学体系は、いかにして世界への究極的な無関心にいたることができるか、そのもっとも合理的な道は何かということにすべての考察を集中させた。

ヒンドゥー教側で、いち早く仏教の影響を受けた哲学体系を築いたのは、二元論を唱えるサーンキヤ学派であった。サーンキヤ哲学の最終目標は、身体と心とが本当の自己ではないことについての揺るぎない区別知を得て、世界への無関心を完成し、みずからが自己充足的に自己の内にあってただ独りある状態（独存）にいたることであるとされる。

ゴータマ・ブッダのことばでいえば、区別知とは、五蘊《ごうん》非我によって得られる智慧《ちえ》であり、独存とは、独立自由という絶対的な平安の境地、つまり涅槃、寂静、不死にほかならない。

このように、ヤージュニャヴァルキヤの哲学をゴータマ・ブッダの哲学に大いに触発される形でヒンドゥー教なりに引き継いだサーンキヤ哲学は、その後のインド哲学、神学に多大の影響を及ぼした。

夏目漱石は、一高時代にサーンキヤ哲学に触れたことにより、生涯のテーマを与えられた。実験的な小説『草枕』が一貫して標榜《ひょうぼう》しているのは「非人情」である。そして晩年に到達した境地は「則天去私」であったが、これが非人情、世界への究極的な無関心によって得られるはずの憧《あこが》れの平安の境地、夏目漱石にとっての涅槃、独存にほかならなかった。

## 三　ゴータマ・ブッダは哲学者であった

### 透徹した合理主義

もはやいうべきことばは尽きた。

ゴータマ・ブッダを宗教家と呼ぼうと、思想家と呼ぼうと、呼びたい人の思惑しだいで自由である。しかし、ゴータマ・ブッダが、哲学者（取り立てていえば実践哲学者）であったことを、われわれは必ず確認しておくべきであろう。

ゴータマ・ブッダの所説は、倫理を極め、論理を極めたものであった。だからこそ、倫理の根拠と論理の根拠について、完全に沈黙したのである。

前世紀の初め、ウィトゲンシュタインは、その最初の著書『論理哲学論考』で、「語りえぬものについては沈黙せねばならない」ということばを残した。軽佻浮薄《けいちょうふはく》な神秘主義者たちは喜んで、これこそ神秘主義の核心を直に表明したことばであるとした。そうではないのである。ウィトゲンシュタインがいう「語りえぬもの」とは、まさに倫理の根拠、論理の根拠のことにほかならない。そしてまたさらに、根本的には、生き物が生き物としての生を全うするための自己同一性の根拠である自己（アートマン）にほかならない。ゴータマ・ブッダの叡智《えいち》は、時代を二五〇〇年先取りしたものだったのである。ゴータマ・ブッダは、そういいたい人がいいたがるような神秘主義者ではまったくなく、透徹した合理主義者であった。

（近代）合理主義は破綻《はたん》したと叫ぶ仏教学者は、永遠にゴータマ・ブッダを理解し得ないであろう。

ゴータマ・ブッダの思惟《しゆい》が哲学であったことを、最後に確認しておきたい。以下、きわめて簡潔なわたくしなりの哲学原論である。

売春、この人間的なるもの

世界最古の職業は売春であるという。そして売春は、いかなる法的規制をも乗り越え、今日にいたるまで世界中で行われてきて、およそ衰える気配がない。なぜそうなのかと考えをめぐらせば、それは人間の本性に深く根ざしているからではないか、との結論にいたる。では、人間の本性とは何か。

人間の本性というからには、それは動物的なものではない。動物の世界に売春はない。動物は、子孫を残すために発情という性衝動を起こし、異性を求め、性行動に出る。人間も同じである。異性を求めることを恋とか愛とかエロスとかいうけれども、要するに性衝動にもとづくことに変わりはない。これが人間の、動物としての自然なのであり、したがって、それにともなう喜怒哀楽などのもろもろの感情、人情も、自然なのである。

感情（人情）豊かな人が人間的だとよくいわれるが、じつはそれは、その人が動物性というみずからの自然に忠実だということと何ら変わりがない。人間的とは、それほど甘いものではない。

これにたいして、売春婦（男娼《だんしよう》については今は考えないことにする）は、子孫を残すために性衝動を起こすわけではなく、また、異性に恋心を抱いて性行動に出るわけでもない。子孫を残したり、発情したり、恋心を抱いていたりしていては、売春という商売は成り立たない。売春婦は、性衝動を起こして女を求める男どもの自然を手玉にとることで商売をするのである。

自然を手玉にとるということは、自然を超越しているということである。自然に埋没することなく、冷静に自然を対象として見るのである。ゆえに、売春とは、メタ自然の行為にほかならない。動物としての自然を超えること、これができるのは人間だけである。動物から人間を区別する人間の本性とは、みずからの自然を超えることができるということである。だからこそ、売春は人間の本性に深く根ざしているのであり、これほど人間的な商売はないのである。

## 哲学、この人間的なるもの

一方、世界最古の学問は哲学である。「であるといわれる」ではなく「である」なのである。では、哲学とは何か。それは、われ思うに、知りたいという以外のいかなる動機もなく、純粋に知ることを切望する営みのことである。そして、その営みは、その営みに用いられる論理への自覚的反省をまってはじめて確かなものとなる。論理への自覚的反省とは、メタ論理にほかならず、それが体系化されたものが論理学である。

論理は、人間であれば、だれでも展開することができる。正しく展開しようが、ゆがめて展開しようが、それはどうでもよい。論理なしにわれわれ人間は生きていけない。幼児ですら、「だって」「だから」「それに」「じゃなければ」などという論理語を駆使している。

ということは、論理を用いるということは、人間にとって自然の営みなのである。ところが今見たように、論理学というのは、その自然の営みにたいするメタ自然の営みなのである。いいかえれば、それは反自然的行為なのである。

こういうわけであるから、論理学と不離一体の関係にある哲学という営みも、反自然的なものにほかならない。

ちなみに、「思想」ということばがある。これは、英語でいうthoughtの翻訳語である。つまり、思想とは、考えられたものごとを意味する。ものごとを考えるのは、これまた人間にとって自然なことである。

「思想」というと何かものものしいが、その本義からすれば、人間ならばだれでも思想はもっているといえる。熊さんや八つぁんも、ハタ坊もそうである。ただ、多くの場合、「思想」という語は、何らかのまとまりがあり、同時代や後世の人々に大きな影響を及ぼしたものに適用されるけれども。

ともあれ、だから、思想と哲学とを混同してはならない。思想は自然であるが、哲学は自然ではない。いいかえれば、思想は、人間の、動物としての自然であるが、哲学はその自然を超えるのである。哲学こそは、したがって、もっとも人間的な営みなのである。

ひるがえって、人間の、動物としての自然の典型は、人情である。人情はあくまでも人情でありつづけるのであって、人情の自己反省などということは語義矛盾である。人間にとっての自然である思想は、人情と切り離すことができない。

したがって、論理学を生むことがなかった中国や日本には、自然を超えた、つまり人情を超えた、厳密な意味での哲学は生まれなかった。生まれたのは中国思想であり、日本思想である。中国思想や日本思想がわれわれの心を打つことが多いのは、それらが人情に根ざしているからである。老荘の思想、孔孟の思想、西郷隆盛の思想、岡倉天心の思想など、われわれ日本人が感銘を憶《おぼ》える思想はたくさんある。

これにたいして、「心打つ哲学」などというのは、これまた語義矛盾なのである。人の心を打つようでは、哲学とはとうていいえないのである。

哲学は、このように、人間的な、あまりに人間的な営みであるがゆえに、人間の、動物としての自然に心地よく抱かれている人々からは、ほぼ必然的といってよいほど誤解を受ける。それは、同じく人間的な、あまりに人間的な営みである売春が、「正しい」人情の持ち主たちから、蛇蝎《だかつ》のごとく忌み嫌われるのと、まったく相似をなしている。

こういうわけで、反人情、反自然の道をいく哲学者ゴータマ・ブッダも、哲学を誤解し、嫌う人情家たちから白い目で見られることがあった。古い仏典に登場する「悪魔」というのは、ほとんどがそういう常識的人情家なのである。

「ブッダ」ということばは、漢訳で「仏」という。正字で書けば「佛」である。これは確かに音を写したものであるが、意味も伝えようとして新たに作成された文字なのである。「人」偏に「弗」で、意味は「人に非ず」である。「超人的だ」という意味で作字されたのであろうが、皮肉なことに、これは「人でなし」と読める。

メタ人情の人は、当然ながら人でなしである。

また、一部の仏教学者は、「人間ブッダ」とか、「ブッダの人間性」などということを口にする。この場合彼らが「人間」ということばで意味しているのは「人情家」でしかない。「人間的」とは、それほど甘いものではない。ゴータマ・ブッダは、人間的な、あまりに人間的な、反自然の哲学者であった。

後世の仏教徒が抱く「温かいブッダ」像は、ゴータマ・ブッダの本性とまったく合致しない。非人情こそ、ゴータマ・ブッダが仏教を興した天才的な根拠にほかならないのである。

ちなみにこう書くと、ではゴータマ・ブッダは冷たかったのか、と反発されるかもしれない。これこそ誤解で、ゴータマ・ブッダは温かくも冷たくもない、つまり、温かいとか冷たいとかという人情がらみのことを、はるかに超越しているのだと、深く深く理解しなければならないであろう。

# おわりに

「最初の仏教」、つまり「ゴータマ・ブッダの哲学」について、自分がその骨格の全貌《ぜんぼう》だと確信しうるかぎりにおいてまとめるということは、思えば四十年来の課題であった。インド哲学と仏教に深い関心を抱き、その領域を究明しようと誓ったのが十五歳の秋のときであったから、本書を書き終えた今の感想は、人生は長いのか短いのか、真相は誰にもわからない、というものである。

ゴータマ・ブッダやその優秀な弟子たちのように、「なすべきことはなしおえた」(katam karaṇīyaṃ) といいたいところだが、まだなすべきことは山ほどある。インド哲学の観点から仏教の森を俯瞰《ふかん》し、仏教の森に分け入ってはインド哲学の気象を仰ぎ見る、その繰り返しのなかで、ようやくみずからが哲学するための一歩、ただし確実な一歩を、今踏み出し終えたというところであろうか。

それはともかく、ゴータマ・ブッダのことばに強く吸引されてのことであると断っておくが、わたくしが本書を書くに当たって依拠したものはただ二つであった。それは、みずからの知性と、それを支える勇気とである。

わたくしは、若き日のデカルトにみずからを重ね合わせながら、みずからの知性に照らして明晰《めいせき》なことだけを語り、いかなる権威であろうとも、みずからの知性に照らして疑わしいことは、誤解を避けるために切って捨てた。それは勇気のいる作業であった。考えてみれば、哲学の世界に「権威」などあるわけがない。ゴータマ・ブッダは哲学者であったから、誰をも権威として仰がなかった（無師独悟）し、弟子たちにも、自分のいうことをよく理解せよとはいったが、自分を権威として仰げとはいわなかった。有名な筏《いかだ》の喩《たと》えのように、目的を達した人（彼岸に渡った人）にとって手段（筏＝ゴータマ・ブッダの教え）は無用である。

仏教は世界三大宗教の一つである、というように、仏教はごく普通に「宗教」だといわれている。仏教は長い歴史と地域的な広がりとを持っており、たしかに「宗教」っぽい要素も多々認められる。しかし、最初期の仏教はまったく、いわゆる「宗教」っぽくない。ゴータマ・ブッダとその教団は、今いったように、仰ぐべき権威というものを持たなかった。不可解なるがゆえにわれ信ず、というような信は、これを否定した。みずからの知性に照らして明晰なことのみを信ぜよとした。

本書を読んで、「宗教」のことにまったく触れていないではないかと不審を抱く人もいるかと思う。そういう人には、ならば古い仏典を精読して欲しいというしかない。

ただ、おせっかいかも知れないながら申しそえておきたいのは、みずからがどこから来てどこへ行くのかという問題は、宗教にも哲学にも共通した問題であり、哲学上の問題も、突き詰めていけば宗教上の問題になるし、その逆もまたしかりである、ということである。

ちなみに、本書では、『スッタニパータ』や『サンユッタ・ニカーヤ』や『マハーパリニッバーナ・スッタンタ』をずいぶん引用したが、これらについては、中村元先生の以下の訳書の訳文を大いに利用させていただいた。まことにありがたいことであり、ここに感謝の意を表したいと思う。

中村元訳『ブッダのことば　スッタニパータ』岩波文庫〔ワイド版もあり〕
中村元訳『ブッダ　神々との対話　サンユッタ・ニカーヤⅠ』岩波文庫
中村元訳『ブッダ　悪魔との対話　サンユッタ・ニカーヤⅡ』岩波文庫
中村元訳『ブッダ　最後の旅　大パリニッバーナ経』岩波文庫

最後になったが、春秋社社長神田明氏、同編集部の佐藤清靖氏、江坂祐輔氏にはたいへんお世話になった。この場を借りて厚くお礼申し上げたい。

二〇〇四年九月

宮元　啓一

＊本書の旧版より後に、パーリ律蔵所収の『マハーヴァッガ』（大品《だいほん》）のうち、ブッダの成道《じょうどう》からサーリプッタ（舎利弗《しゃりほつ》）の入門までをわたくし自身が翻訳した（『仏教かく始まりき　パーリ仏典「大品」を読む』春秋社）ので、そこから本書の文脈を考慮して引用した。

# 文庫版へのあとがき

本書が刊行されてから十一年が経った。大筋で修正する必要がなかったことに安堵しながらも、この間の研究・思索からして説明が足りないかと思われる所、要らぬ誤解を招くかも知れないと思われる所について、若干の書き替え、書き足しを施した。その意味ではこの文庫版は改訂版であると言えなくもない。

なお、文献学（philology）なる学的方法について一言。

哲学・思想について先人たちが何を考えていたのかを知る拠《よ》り所は、出来れば本人が直に書いたり語ったりしたもの（著書・口述録）、それが叶わなければ同時代・後代の人々による伝言的記録（往々にして断片）である。

ところが、ごりごりの文献学者たちは、伝えられている文言「のみ」から一歩も出ようとしないどころか、一歩も出ないことを本物の学問だと思い込みたがる。「まず最初に『あいうえお』とあり、次に『かきくけこ』とある。ことの真相はそれ以上でもない。これぞ素晴らしい研究の成果である」とは真に恐れ入るばかりである。無智こそ学者の良心であるとする智的アナーキズムないしニヒリズムの至りである。アナーキズムやニヒリズムは、余程のプロセスを経ない限り、人の世に有害無益でしかない。なぜ「あいうえお」で始まり、なぜ次に「かきくけこ」と来るのか、書かれていること・伝えられていることを手掛かりに、書かれていないこと・伝えられていないことを徹底的に追究することこそ、先人たちの哲学・思想を真面目に研究するということではなかろうか。

書かれていないこと・伝えられていないことを見出すために必要な武器は、直感でもなければ達観でもなく、ましてや怪しげな宗教・道徳上の信念でもない。それは論理(logic)である。文言(logos)と文言(logos)をつなぐ、直接には文言となっていないところ(logic)を攻めるというのは、考え得る限りの状況証拠をもとに、人智(論理)の限りを尽くしてもはやそれ以上にはあり得ないというところを剔《えぐ》り出すことである。

論理的な(もしかしてわざとする)誤謬《ごびゅう》も、論理的な誤謬に他ならないが故に、論理で突き詰めることができるのである。論理で追いかけきれない文言と文言のつながりは、いやしくも生き物である人間には不可能だということに思い致さなければならない。生き物の生き方は、1(肯定)か0(否定)か1かつ0(肯定かつ否定、つまり「曖昧」ambiguity)以外にはあり得ないからである。ここに依り立つ生き方(考え方)こそが真正の合理主義(rationalism)だと言うべきではないだろうか。

いかなる哲学者・思想家も、人智（生き物智）を絶する奇怪な思索を巡らすことは出来ない。人智（生き物智）を絶するとは人（生き物）の理解を絶するということである。そうした理解を絶するものが同時代の人々に衝撃ないし影響を及ぼし、後代まで大切に扱われるわけがないであろう。

本書をこうした文庫本という形で刊行することを推進していただいたＫＡＤＯＫＡＷＡ、学芸編集部の伊集院元郁さんに深く感謝する次第である。

二〇一五年九月

著者識す

本書は、二〇〇四年に春秋社より刊行された『ブッダが考えたこと　これが最初の仏教だ』を改題のうえ加筆修正し、文庫化したものです。

# ブッダが考《かんが》えたこと

## 仏教《ぶつきょう》のはじまりを読《よ》む

宮元啓一《みやもとけいいち》

平成27年 10月25日　初版発行
令和６年 11月25日　９版発行

発行者●山下直久

発行●株式会社KADOKAWA
〒102-8177　東京都千代田区富士見2-13-3
電話　0570-002-301（ナビダイヤル）

角川文庫 19431

印刷所●株式会社KADOKAWA
製本所●株式会社KADOKAWA

表紙画●和田三造



●お問い合わせ
https://www.kadokawa.co.jp/（「お問い合わせ」へお進みください）
※内容によっては、お答えできない場合があります。
※サポートは日本国内のみとさせていただきます。
※Japanese text only


ISBN978-4-04-408917-7　C0115